Newton Compton Editores

Título original: *Don't Feed the Monkey Mind*

© 2017, Jennifer Shannon. Esta edición se ha publicado gracias al acuerdo
con New Harbinger Publications, Inc., a través de International
Editors & Yáñez Co' S.L.
© 2026, de la traducción por Beatriz Jara Ruiz
© 2026, de esta edición por Antonio Vallardi Editore S.u.r.l., Milán

Primera edición: febrero de 2026
Segunda edición: mayo de 2026

Newton Compton Editores es un sello de Antonio Vallardi Editore S.u.r.l.
Pl. Urquinaona, 11, 3.º 1.ª izq. Barcelona, 08010 (España)
www.newtoncomptoneditores.com

Gruppo editoriale Mauri Spagnol S.p.A.
www.maurispagnol.it

ISBN: 979-13-87575-90-8
Código IBIC: VS
DL: B 16.719-2025

Diseño de interiores:
David Pablo

Composición:
Sergi Godia

Impreso en mayo de 2026 en Puntoweb s.r.l., Ariccia (Roma), en Italia.

Jennifer Shannon

Calma el mono
que tienes en la cabeza

Ilustraciones de Doug Shannon

Traducción de Beatriz Jara Ruiz

Newton Compton Editores
Barcelona, 2026

PRÓLOGO

¿Qué es lo que hace genial a un libro de autoayuda? Llevo muchos años buscando la respuesta y ahora la he encontrado en este libro. La fórmula se reduce a tres elementos: conocimientos experimentados, una perspectiva única sobre el tema y, lo más importante, una profunda comprensión, más allá de lo profesional, de la cuestión, en este caso, la ansiedad y cómo combatirla.

Jennifer Shannon, según admite ella misma, conoce bien el tema. A través de su propia lucha personal contra la ansiedad y sus años de práctica profesional, ha aprendido unas cuantas cosas que está impaciente por transmitir a sus lectores. Su mensaje se adapta oportuna y perfectamente a la sociedad saturada de ansiedad en la que vivimos.

En este, su tercer libro, Jennifer presenta su enfoque y su propia y singular perspectiva sobre el problema, con un lenguaje directo y estimulante. Su metáfora central para la fuente de la ansiedad, la mente de mono, es ancestral, pero en sus manos suena tan original como fresca. En el primer capítulo nos explica cuáles son las tres malas pasadas que nos juega la mente de mono, y el libro parte de ahí para describir un montón de estrategias que puedes aplicar para romper el ciclo de la ansiedad y calmar a la criatura inquieta que llevas dentro.

Por otro lado, el hecho de que Jennifer presente estas estrategias de gestión de la ansiedad de forma divertida y accesible no las hace menos poderosas. Treinta años de investigación corroboran que estas técnicas no son un simple juego de manos. Son reales. Este libro transfiere un mensaje claro y coherente que te ayudará a superar cualquier clase de ansiedad. Si estás sufriendo, te llegará. He aquí otra autora que dominó su propia mente de mono y que ahora quiere colaborar con quienes buscan dominar la suya.

Dr. Michael Tompkins

INTRODUCCIÓN

Este libro te mostrará, de forma clara y fácil de recordar, todo lo que necesitas saber para aliviar la ansiedad, la preocupación y el estrés. Se trata de una promesa audaz, y no me la tomo a la ligera. Una razón por la que me siento cualificada para hacerla es que soy una terapeuta que lleva veinte años especializada en tratar trastornos de ansiedad. Mi segunda cualificación es que no fui dotada de un sistema nervioso relajado y con el que sea fácil lidiar. Como tú, yo también estoy programada para la ansiedad y la preocupación.

Desde que tengo uso de razón, recuerdo haber sido una niña ansiosa; me ahorraré los detalles escabrosos sobre las pesadillas crónicas, los misteriosos dolores de barriga y las inquietudes infinitas. Cuando mi ansiedad persistía siendo ya una joven adulta, recurrí a la terapia en busca de ayuda. Mi analista tenía una orientación psicodinámica, más conocida como «terapia y conversación», que se basa en la premisa de que nuestros problemas se originan en la infancia y que, al tomar conciencia, progresamos de forma natural hacia un estado más saludable. Tras una serie de sesiones, mi terapeuta y yo concluimos que mi ansiedad tenía origen en mi relación con un padre distante y crítico, y que había desarrollado un temor a ser juzgada y criticada. Esta y otras perspectivas similares me aportaron consuelo. Le daban sentido a mi estado de ansiedad y me permitían pensar que no era culpa mía. Sin embargo, la ansiedad persistió.

Al cabo de unos años, poco después del nacimiento de mi primer hijo, Max, empecé a sufrir ataques de pánico. Si alguna vez has tenido un ataque de pánico –casi el 50 % de la población adulta lo ha padecido al menos en una ocasión–, sabrás a qué me refiero cuando digo que es algo verdaderamente horrible. Todo mi cuerpo quedaba preso de un miedo incapacitante, el corazón me aporreaba el pecho y me sobrevenía una diarrea casi instantánea. Se me nublaba la visión, se me alteraba el oído; todo parecía irreal.

Muy pronto empecé a sufrir ataques de pánico en cualquier momento del día. Algunas veces me despertaban en mitad de la noche. Pensaba que me iba a volver loca. Tenía un hijo al que cuidar y estaba iniciando mi carrera profesional como terapeuta. Me aterraba que los ataques de pánico pudieran interferir en aquello que para mí era lo más importante: formar una familia y trabajar. Sabía que necesitaba ayuda.

Mi nuevo terapeuta y yo asumimos que el desencadenante de mi ansiedad era probablemente la responsabilidad de un recién nacido. Exploramos el modo en que mi pasado me hacía vulnerable a desarrollar ansiedad. Una vez más, asimilé toda clase de ideas. Pero los ataques de pánico no cesaban.

Mi terapeuta y yo pensamos que la relajación podría ser de ayuda, así que la practiqué a diario. Probé una cinta de relajación tras otra, creyendo que la siguiente podía ser la definitiva. Con todo, no había nada que me aliviara. Encontré a alguien que hacía *biofeedback* o retroalimentación biológica, una clase de entrenamiento de relajación en el que te enganchas a una máquina que hace una lectura inmediata de cuán relajado está tu cuerpo. Fui una participante muy motivada, pero aun así seguí teniendo ataques de pánico.

Estaba desesperada. Nada de lo que hacía para averiguar por qué me sucedía todo aquello y para evitar que siguiera sucediendo me funcionaba. Empecé a tener serias dudas sobre mi elección profesional. ¿Cómo iba a ayudar a los demás si no era capaz de ayudarme a mí misma? Entonces, un día vi un título en una librería de mi localidad que llamó de inmediato mi atención: *No al pánico*, de Reid Wilson. Empecé a leerlo allí mismo y, en pocos minutos, estaba en el mismo pasillo intentando contener las lágrimas de alivio. Por fin había encontrado a alguien que entendía lo que me pasaba.

Lo que descubrí con la lectura del libro de Wilson fue que la razón por la que sufría ataques de pánico no era ni la mitad de importante que el modo en que reaccionaba ante ellos. Mis intentos por solucionar el problema –analizándolo, descifrándolo, tratando de deshacerme de él con prácticas de relajación– en realidad lo empeoraban. Tenía que responder de un modo distinto. En cuanto aprendí a adoptar una actitud diferente hacia el pánico, logré curarme de él.

No al pánico fue mi primera aproximación a la terapia cognitivo conductual. La TCC no pone el foco en el modo en que se desarrollan tus problemas, sino en aquello que los ocasiona en ese momento. Inspirándome en mi experiencia personal, me volví a formar con libros y talleres, y consulté a algunos de los mejores terapeutas de TCC en este campo. Cambiar mi orientación profesional hacia la TCC ha transformado mi eficacia y satisfacción laboral de forma notable.

No fue hasta que hube desarrollado algo más mi carrera que me di cuenta de que centrar la atención en lo que daba sustento a los problemas no solo era eficaz para tratar todo tipo de ansiedad y depresión, sino para disfrutar de una vida más plena y realizada. Tanto si lo que quieres es liberarte de un problema específico –como yo con mis ataques de pánico– como si aspiras simplemente a tener una vida más feliz, más pacífica y con más éxitos, las herramientas son las mismas.

A menudo les digo a mis pacientes que sufren trastornos de ansiedad que los afortunados son ellos. Son afortunados en el sentido de que, a diferencia de la mayoría de la gente cuya ansiedad puede ser tolerable, la suya es demasiado grave para ignorarla. Tienen un motivo de peso para buscar ayuda. Lo que tengo que enseñarles no solo les va a servir con la ansiedad, sino también con cualquier problema que se les presente en el futuro.

¿Tienes una motivación para cambiar? Si es así, ¡sigue leyendo! Todo lo que necesitas saber está justo aquí, en este libro.

UNO
PERCEPCIÓN DE AMENAZA

¿Alguna vez te has sentido como si vivieras enganchado a un gotero de miedo? 6:00 horas: «Anoche no pude conciliar el sueño. Ahora estoy demasiado grogui para ser productivo». 6:01 horas: «¿Me he asegurado de que los niños hayan hecho los deberes?». 6:02 horas: «¡Dios, espero que el mercado aguante!». Y así todo el día.

La cuestión es que vives enganchado a un gotero virtual de miedo, a una dosis regular de hormonas del estrés que experimentas en forma de ansiedad y preocupación. Esto ha sido recetado para ti por tu propio cerebro. Y al intentar hacer algo al respecto, lo único que has conseguido es empeorarlo.

Este libro te va a demostrar por qué no puedes controlar la ansiedad que sientes. De hecho, te demostrará que todas esas cosas que has hecho para tratar de controlar la ansiedad en realidad no hacen más que darle sustento. Resistirse, eludir y distraerse de la ansiedad son conductas que envían a tu cerebro el mensaje equivocado. Estas conductas alimentan un ciclo de ansiedad que siempre te lleva a recibir una dosis mayor. Es lo que yo llamo «alimentar al mono». Con el mono me refiero a la «mente de mono», una metáfora tan antigua coma la propia conducta. Deja que te lo explique.

Durante miles de años, los sabios han equiparado la mente humana con un mono: salta repentinamente de una rama de pensamiento a otra, sin estar nunca satisfecha, sin descansar jamás. Las preocupaciones resuenan en nuestra cabeza igual que la cháchara de un mono. Las emociones poderosas nos hacen saltar ante cualquier cosa que prometa un mínimo respiro. Sin embargo, de alguna forma, el alivio siempre queda fuera de nuestro alcance.

Ya sea debido a algún rasgo genético o acontecimiento traumático en nuestra vida, millones de nosotros sufrimos de un exceso de ansiedad. Pero, a pesar de la variedad o la intensidad que esta manifieste, hay una cosa que es cierta para todos. No podemos relajarnos ni estar en paz a no ser que nos sintamos seguros. Los seres humanos y todas las demás criaturas de la especie que sea somos, ante todo y principalmente, máquinas de supervivencia. Está en juego mantener la seguridad, todo lo demás —apreciar la belleza y el milagro de la vida, perseguir nuestros deseos más profundos o simplemente estar «presente en el momento»— pasa a ser prescindible.

Tanto si crees que tu seguridad personal está en riesgo como si no, has estado viviendo como si así fuera. Por el modo en que estamos programados los que somos ansiosos, no nos parece que tengamos alternativa. Para entender cómo hemos llegado a esta situación, hagamos un pequeño viaje a lo que en ocasiones se denomina «centro del miedo» del cerebro.

En el centro profundo de tu cráneo, en la parte superior de la espina dorsal, hay un par de núcleos del tamaño de una almendra llamados «amígdalas». Toda experiencia –todo lo que ves, hueles, oyes, tocas, sientes o piensas– pasa por las amígdalas como viajeros por el control de seguridad de un aeropuerto. Allí, en las amígdalas, cada experiencia es analizada instantánea y automáticamente en busca de una amenaza.

Allí donde se percibe una amenaza, las amígdalas disparan un sistema de alarma que alerta a su vecinos, los hipotálamos y las glándulas adrenales, que a su vez envían señales hormonales y neurológicas al sistema nervioso simpático, dándole instrucciones para que acelere el ritmo cardíaco y la respiración, y de este modo te inunde de hormonas del estrés y cierre tu función digestiva así como todas las que son innecesarias; en resumen, para ponerte en modo supervivencia.

La forma en que experimentamos el modo supervivencia –lo que sentimos– es crucial no solo para nuestra seguridad, sino para nuestra sensación de bienestar. Según la percepción de amenaza, podemos experimentar estas alertas como sensaciones físicas incómodas, tales como palpitaciones y sudoración, y como emociones negativas, tales como miedo, ira y vergüenza. Estas sensaciones no inducen la paz mental.

Si no consigues disfrutar de las funciones más elevadas que eres capaz de experimentar –la habilidad de relajarte, de sentir alegría, de actuar para cumplir tus sueños–, es que ese sistema de alarma se está usando en exceso. Vives enganchado a un gotero de emociones negativas de bajo nivel, también conocido como «ansiedad». Sobrevives, pero sin prosperar. Tu objetivo en la Tierra es el de verte sobrepasado por las falsas percepciones de amenaza y las falsas alarmas que emiten las amígdalas o, por seguir la metáfora del sabio, por la mente de mono.

¿Por qué un mono? ¿No es la fuente de nuestro miedo y ansiedad más parecida a un monstruo al que derrotar, un demonio al que exorcizar? Ni por asomo. Esta parte del cerebro es un componente leal y trabajador, entregado a tu seguridad. Es solo que a veces se desmanda un poco y reacciona de forma exagerada, como un mono.

UNA LLAMADA A LA ACCIÓN

Imagina que estás cruzando por la mañana una calle muy transitada de camino al trabajo, cuando un camión se salta un semáforo en rojo y se precipita directamente hacia ti. Instintivamente, en una fracción de segundo, das un salto hacia la acera para apartarte de la trayectoria del camión. El corazón te late muy fuerte y la mano te tiembla tanto que el café que llevas se te vierte sobre la manga. Es la respuesta de lucha o huida y, aunque no sea una sensación agradable, nos ha mantenido con vida durante miles de años.

Este sistema de advertencia precoz es tan rápido y poderoso que anula el resto de tu cerebro. Cualquier cosa en la que estuvieras fijando la atención –el semáforo, la reunión hacia la que te dirigías– se disipa, de tal forma que la amenaza ocupa el lugar preponderante. Así es como debería ser, y es que, al fin y al cabo, el principal cometido del cerebro es mantenerte vivo. La respuesta de lucha o huida es la llamada a la acción de la mente de mono. Sin ella, estaríamos todos tirándonos por acantilados o lidiando con serpientes.

Por si no fuera suficiente responsabilidad el mantenernos a salvo, la mente de mono es además el instrumento con el que llevar a cabo el segundo cometido del cerebro, esto es, permanecer conectados los unos con los otros. Además de amenazas tales como embestidas de jabalíes salvajes, contrincantes blandiendo mazas y camiones desbocados, la mente de mono identifica amenazas sociales para nuestra supervivencia. Está programada para hacerlo. Incluso en la infancia, podemos percibir la seguridad o el peligro en las expresiones faciales de nuestros padres. ¿Por qué es necesario? Los seres humanos tenemos la piel fina, carecemos de dientes afilados y de zarpas, y no somos muy fuertes; somos lo que otros animales depredadores llamarían «una presa fácil». Siempre hemos cazado y vivido en comunidades, para así poder cuidarnos mutuamente. La posición social de nuestros antepasados en el seno de sus familias y tribus era esencial para su supervivencia.

Con el ánimo de proteger tu posición social, tu mente de mono está siempre vigilante y al acecho de lo que sucede a tu alrededor, buscando señales que le digan si te respetan, si te aman, si encajas. Si estás distanciándote de tus vecinos, irritando a tus amigos y a tu familia o si eres objeto de las burlas de la comunidad, aunque no seas consciente de ello, el mono lee las señales y hace sonar las alarmas. Una ración de miedo, con guarnición de vergüenza, llamará tu atención y te recordará que tienes que llevarte bien con los demás.

AMENAZA PRIMORDIAL

Estas dos posibilidades que están siempre presentes –la muerte y perder la posición social o ser expulsado de la tribu– son universales, lo que yo llamo «amenazas primordiales». La habilidad para identificarlas es tan importante que está integrada en nuestro cerebro, forma parte de nuestro sistema operativo. No hay que enseñarle a un bebé que gatea a no poner la mano en el fuego o a no lanzarse por un precipicio. La capacidad para identificar alturas, ruidos fuertes, serpientes, unos dientes al descubierto y otras situaciones de peligro como posibles amenazas es universal. Las lecciones aprendidas a partir de los errores de nuestros antepasados han quedado impresas en nuestro ADN, lo que influye en la capacidad de la mente de mono para percibir amenazas, permitiendo así que la humanidad sobreviva.

Por desgracia, el mono es también la fuente de todas nuestras ansiedades modernas. ¿Por qué? Pues porque cuando al mono se le presenta algo que no ha sido programado para identificar tiene que discernir si es o no una amenaza. En el caso de quienes tenemos mucha ansiedad, las suposiciones de la mente de mono yerran a favor de la seguridad. Esto genera bastantes percepciones equivocadas.

Si el día siguiente a tu susto con el camión sin frenos te descubres en la acera angustiado, aferrado con fuerza a tu café, esperando a que el semáforo cambie de color, quizá te preguntes por qué estás tan nervioso. Recuerdas la imagen de ese camión homicida acelerando, pero sabes muy bien que ese incidente fue una anomalía. Estadísticamente hay muy poco riesgo en cruzar la calle cuando el semáforo esté en verde. A pesar de todo, estás ansioso. Eso es porque la mente de mono no puede arriesgarse a hacer una valoración. A un mono auténtico, no se le dan bien las matemáticas.

Cuando el recuerdo del camión aproximándose te cruza la mente como un fogonazo, el mono se da cuenta y trata de adivinar el nivel de riesgo que corres. Sin pararse a reflexionar (porque no sabe), hace sonar la alarma. Cuando la mente de mono pulsa el botón del miedo, somos tan simples y obcecados como nuestros ancestros. La ansiedad es una llamada a la acción. El mono está gritando: «¡Ni-no, ni-no! Algo va mal. ¡Actúa!».

Tu reacción depende de cómo hayas aprendido a hacerlo en el pasado. Puede que el miedo te paralice por unos instantes, y que esperes a que los demás crucen con seguridad. Puede que en el futuro evites esa esquina, avergonzándote por el miedo que sientes, musitando: «¡Es absurdo!».

Cuando el mono usa el as que guarda en la manga, normalmente cualquier cosa que hagamos es ridícula. Una vez que se activa el reflejo de lucha o huida, las sustancias químicas, las hormonas y las emociones que están actuando en tu cuerpo secuestran el resto de tu cerebro.

Es todo un logro para un bichito tan pequeño. La corteza prefrontal, conocida como el «cerebro ejecutivo», tiene el tamaño de un elefante en comparación con la mente de mono. Es el motor cognitivo más grande de la historia: la herramienta principal que se usó para escribir *Hamlet*, para inventar el iPhone y, tal vez algún día, para curar el cáncer. Pero, con la ayuda de una pizca de ansiedad, el mono puede lograr que el elefante se alce sobre sus patas traseras y barrite con su trompa aterrorizado. Por muy listo que seas, por muy clarividente que seas, todo se distorsiona cuando lo miras a través de la lente del miedo.

SECUESTRADO

Cuando nos secuestra la mente de mono, cometemos dos simples errores. Primero, sobrevaloramos la amenaza. ¿Qué probabilidades reales hay de que hoy aparezca otro camión homicida en el momento en que pises la calzada? Las opciones son prácticamente nulas, pero tú confías en la conjetura a ojo de mono: «¡Ni-no, ni-no! ¡A mí me parece probable!».

El segundo error es que subestimamos nuestra capacidad para lidiar tanto con las emociones negativas que conllevan la alarma de mono como con la amenaza, en caso de que esta se produzca realmente. Ya sea al cruzar la calle o al subir una escalera de mano, los accidentes ocurren. Siempre que intentas llevar a cabo una tarea, cabe la opción del fracaso. Cuando abres la boca para hablar, es posible que ofendas a alguien. Paro la vida no se para cuando las amenazas se manifiestan como una realidad. La asimilamos. Nos recuperamos. Podemos aprender de nuestros errores y pasar página. Tampoco la vida debería detenerse cuando sentimos las emociones y sensaciones negativas que conllevan las alarmas del mono.

Pero muchos de nosotros ponemos nuestra vida en pausa. El ruido de fondo de la ansiedad nos mantiene paralizados, incapaces de seguir nuestros sueños. Nos pasamos los días –y, en el caso de algunos, las noches– revisando el pasado en busca de errores y mirando al futuro para evitar cometer más. Debatimos decisiones ya tomadas, reciclamos antiguas inquietudes, nos permitimos reproches infinitos, nos obsesionamos con cosas que no podemos controlar. Todo ello respondiendo a un flujo constante de sensaciones negativas y de la cháchara del mono. «¡Ni-no, ni-no! ¡Algo va mal! ¡Actúa!».

Tratamos de gestionarlo. Consultamos el teléfono móvil o encendemos la tele. Nos servimos una copa o pillamos algo de comer, nos vamos de compras. Comprobamos el informe por tercera vez en busca de errores. Decimos que sí cuando queremos decir no. Buscamos síntomas en internet para asegurarnos de que ese lunar no es canceroso. Estas distracciones y estrategias solo nos proporcionan una tranquilidad temporal. La mente de mono siempre está activa, hipervigilante, esperando a que se abra una brecha. Si alguna vez has intentado meditar y has abandonado, presa de la frustración, sabrás exactamente de lo que estoy hablando. En cuanto la concentración vacila, el mono mete baza con algo absorbente que te genera ansiedad y ocupa tu mente.

Cuando se trata de la mente de mono, el tópico que dice «es inútil resistirse» en realidad es cierto. La mente de mono es un cerebro ancestral dentro de un cerebro: simple, concentrado y programado para ser autónomo, que escapa a nuestro control directo. El mono siempre está ahí, incluso cuando tu deseo de disfrutar del momento sin él es mayor: cuando estás solo, intentando simplemente relajarte; cuando estás entre los brazos de tu amante; cuando estás tratando de perseguir tus sueños.

Por muy desalentador que suene, en realidad es una buena noticia. Si consigues conceptualizar tu ansiedad como una falsa alarma y tus pensamientos angustiosos como la cháchara de un mono, ya has empezado a curarte. Entiendes que la mente de mono es una parte de ti que está en funcionamiento, pero tú no eres el mono.

En la terapia cognitivo conductual lo llamamos «defusión». Tomar conciencia de esta diferencia «des-funde», genera una distancia, entre la parte de ti que reacciona de forma hiperbólica a la amenaza y la parte racional de ti que puede percibir tus pensamientos, emociones y sensaciones corporales, y aprender a invalidarlas cuando sea necesario. Trabajando con los pacientes, he aprendido que la defusión resulta mucho más fácil cuando conceptualizamos la fuente de ansiedad no como un monstruo interior, sino solo como un monito asustado que trata de cumplir su tarea.

Este libro te enseñará a desarrollar resiliencia ante las alarmas del mono, para que puedas pensar y actuar con claridad en situaciones en las que normalmente te ves secuestrado. Tener más resiliencia también te va a permitir disponer de más recursos y ser más flexible cuando surjan las verdaderas amenazas. Con la práctica, acabarás por experimentar menos ansiedad, lo que imagino es la razón por la que estás leyendo este libro. Y hay un aliciente añadido. Si sigues practicando, también recuperarás tus valores personales y te reorientarás hacia aquello que desea tu corazón.

Con tu nueva conciencia sobre la mente de mono has dado el primer paso en la senda de la recuperación. Ahora comprendes que la ansiedad no te define. Es una parte separada de ti que escapa a tu control directo. El segundo paso es identificar cómo afecta la ansiedad a tu pensamiento. ¿Qué le ocurre a tu punto de vista cuando se ve secuestrado por el mono?

LECCIÓN DEL CAPÍTULO UNO

Nuestra ansiedad es una llamada a la acción generada por la percepción de amenaza de la mente de mono.

DOS

LAS TRES SUPOSICIONES

Una mañana, hace algunos años, me senté frente al portátil para empezar a escribir mi primer libro: un cuaderno de actividades para adolescentes con ansiedad social. Nunca me había propuesto escribir algo de esa magnitud y apenas podía creerme que estuviera haciéndolo. Como terapeuta, hablaba cada día sobre la ansiedad con mis pacientes, pero escribir sobre ello era algo muy distinto.

Cuando alcé las manos para empezar a teclear, se me empezó a acelerar el pulso y se me agarrotó el estómago. «No estoy muy segura de cómo decir lo que quiero decir –pensé para mí, añadiendo–: y un autor debería saberlo». Mirándome los dedos que se cernían sobre el teclado, vi que a mis uñas les hacía falta un buen limado.

«¿Y si la premisa no está bien perfilada? –continué–. ¿Y si mi conceptualización no es la apropiada para un libro o, peor aún, y si es llanamente errónea? Si me equivoco, ¡el mundo entero sabrá que soy un fraude!». De pronto me acordé de un artículo que tenía intención de leer. «¿No me aclararía la cosa un poco de documentación?».

25

«Si este libro no es bueno, decepcionaré a mi editor, a mis lectores y a mis amigos y familia. ¡Defraudaré a todo el mundo!», pensé. Para entonces las manos me temblaban visiblemente. Al mirar por la ventana vi que había caca de perro en el patio de atrás y me dije que alguien tendría que recogerla.

Ninguna de las tareas que estaban desviando mi atención del portátil eran urgentes. Lo que las hacía repentinamente seductoras era que tanto mi cuerpo como mi cerebro me estaban diciendo que algo no iba bien. Estaba experimentando precisamente aquello en lo que me consideraba una experta: ansiedad. Estaba secuestrada.

Si analizamos mis pensamientos angustiosos de aquella mañana, podemos identificar las tres suposiciones que daba por sentadas. Primero, pensé que tenía que estar segura sobre lo que iba a escribir. Segundo, pensé que si hacía algo mal, me delataría como un fraude. Tercero, pensé que si el libro no tenía éxito decepcionaría a todo el mundo.

Todas las personas con ansiedad compartimos estas tres suposiciones de forma universal. (Sí, lector, como tú bien sabes, si has leído la introducción, ¡soy una de vosotros!). Como se hacen eco de la agenda de supervivencia de la mente de mono, las llamo colectivamente «la mentalidad de mono».

- **Intolerancia a la incertidumbre:** «Tengo que estar seguro al 100 %».

- Perfeccionismo: «No puedo cometer errores».
- Hiperresponsabilidad: «Soy responsable de la felicidad y la seguridad de todo el mundo».

Estas suposiciones son parámetros imposibles de cumplir. Cuanto más tratemos de atenernos a ellos en nuestra vida, más ansiedad sentiremos y menos probabilidades tendremos de asumir los riesgos que es necesario correr para vivir en libertad y perseguir nuestros sueños.

Aquella mañana en el patio de atrás, encorvé la espalda y me eché un vistazo a mí misma. «Escribir este libro es mi deseo más profundo –pensé–. ¿Por qué en vez de hacer eso estoy aquí recogiendo una caca con una pala?». La mentalidad de mono pocas veces nos lleva donde queremos ir. De hecho, casi siempre nos retrae de lo que anhelamos en la vida.

Reconocerás al menos una de estas suposiciones, si no las tres, como un pilar central de tu propio sistema de creencias. La primera está especialmente generalizada. De hecho, ¡sin ella no puedes sentir ansiedad!

INTOLERANCIA A LA INCERTIDUMBRE

La capacidad para planificar el futuro –anticiparse a los problemas y las oportunidades– es una de las más importantes adaptaciones de nuestro cerebro de *Homo sapiens*, si no la que más. Independientemente de si el problema es nuestra salud, nuestra situación económica o nuestra familia, nos gusta saber qué está por venir. «¿Y si caigo enfermo? ¿Se hundirá el mercado? ¿Llegarán a salvo mis seres queridos?». Estas son nuestras preocupaciones constantes, y planificamos todo con ellas en mente. Pero ¿en qué momento la planificación razonable pasa a convertirse en una preocupación o una obsesión?

El mono cumple mejor su misión –mantenerte con vida y a salvo dentro de tu tribu– cuando elimina toda incertidumbre. El lema de mono es: «Lo que no sabes podría matarte». Desde este punto de vista, el único momento en el que es seguro que te relajes es cuando puedes anticiparte y controlar todo resultado. «¡O estás seguro o te mueres!».

Lo único que sabemos con total certeza es que mañana saldrá el sol. Si no podemos tolerar no saber qué acontecerá a la luz de esa mañana, no seremos capaces de dormir. Hasta que hayamos eliminado esa amenaza, no podremos relajarnos ni sentir placer alguno. Sufriremos lo indecible para tomar decisiones, porque pensamos que con la suficiente investigación y precaución siempre podremos tomar la decisión correcta. Cuando se nos presenta algo nuevo, daremos por hecho que es peligroso, a no ser que se demuestre que es seguro. Siempre estamos preparándonos para lo peor, porque lo peor está probablemente a la vuelta de la esquina.

Esta mentalidad se cobra su peaje. La hipervigilancia constante nos mantiene siempre inquietos y estresados, algo que es especialmente problemático por las noches, cuando intentamos dormir. Es difícil tomar decisiones porque creemos que tenemos que estar seguros de que tomaremos la correcta. Las grandes decisiones, como elegir universidad o un empleo, son paralizantes. Incluso algo tan simple como escoger un par de zapatos puede convertirse en un laberinto de pros y contras.

La dificultad para tolerar la duda puede conducir a conductas de verificación compulsiva, como asegurarse de que las puertas están cerradas con llave y los electrodomésticos están apagados. Tenderás a planificar las cosas en exceso; tendrás una lista de tareas pendientes incluso para los fines de semana y las vacaciones. Y cuando la lista no está completa o las cosas no salen según lo planeado, te disgustas y tienes dificultades para disfrutar del momento.

El problema de necesitar estar seguro de todo es que el flujo de cosas de las que asegurarse nunca se reduce. Cada minuto que pase estarás esforzándote para conseguir aquello que es inasible: la certeza absoluta respecto a todo. Cuando tu protocolo por defecto es garantizar un buen resultado en todas las situaciones, terminas tratando la propia vida como una amenaza, algo que verificar, analizar, evaluar, controlar y conquistar. En lugar de vivir plenamente y enfrentarte a lo que sea que pueda salir mal, te pasas todos tus valiosos días en la Tierra preocupándote por lo que pudiera pasar.

MARÍA

Te voy a presentar el retrato robot de una paciente mía que tiene esta mentalidad de mono. El problema inicial de María era su sensibilidad a las sensaciones físicas, que se manifestaba habitualmente con una punzada en la zona del corazón, una presión en la cabeza, destellos de luz en los ojos o un hormigueo en las extremidades. Cuando padecía una de estas sensaciones, le preocupaba que pudiera ser una señal de que algo no iba bien, como un ataque al corazón, un tumor cerebral, un desprendimiento de retina o un trastorno del sistema nervioso. Para aliviar la ansiedad, observaba detenidamente sus síntomas y los consultaba en internet. El médico le aseguró que eran inocuos y las pruebas demostraban que estaba sana, pero María dedicaba cada vez más tiempo y energía a lidiar con estas sensaciones y sentía que le estaban arruinando la vida. «Sabía que el dolor que padecía probablemente era inofensivo –me dijo después de una visita a Urgencias–, pero ¿y si era un aneurisma?».

Aunque María era lo bastante inteligente como para reconocer que una sensación cualquiera rara vez era una patología, su suposición era: «Tengo que estar segura». Toda sensación era culpable hasta que se demostrara su inocencia, y el coste de investigarlas estaba agotando a María. Estaba secuestrada, actuaba guiada por una intolerancia a la incertidumbre.

Prácticamente todas las personas que padecen ansiedad que he conocido tienen la misma mentalidad que María: esa suposición de que la certeza no solo es posible, sino que es necesaria para nuestra paz y felicidad. La verdad es que es justo al contrario. No hay preparación suficiente que pueda controlar todos los resultados. La vida siempre conlleva adversidad, y para afrontarla necesitamos flexibilidad y resiliencia. Y la vida también conlleva sorpresas agradables, momentos de alegría y de paz que no podemos prever. Por desgracia, estos momentos se pierden para todos los que solo estamos abiertos a aquello de lo que podemos estar seguros.

Algunos de los problemas que tenemos los que necesitamos estar seguros de las cosas son: dificultad para relajarnos; dificultad parar tomar decisiones; dificultad para formarnos opiniones; preocupación por la salud, la familia y la situación económica; exceso de planificación y malestar cuando las cosas no salen según lo planeado; inflexibilidad; tendencias obsesivo-compulsivas y actitudes controladoras.

Para evaluar en qué medida tienes activa esta mentalidad, descárgate el cuestionario *Intolerancia a la incertidumbre* en: http://www.newharbinger.com/35067.

PERFECCIONISMO

A muchos nos gusta pensar que nuestros parámetros son más elevados. No nos conformamos con lo corriente, apuntamos a las estrellas. Esperamos lo mejor de nosotros y para nosotros. Es la popular noción de pensamiento perfeccionista.

Es una lástima, pero el perfeccionista rara vez se siente así. Con la mentalidad de mono perfeccionista, tienes que acertar en el blanco sin falla. No hay margen de error. Todo lo que no alcance a ser un resultado perfecto es un fracaso.

Mientras los demás encuentran un estímulo en el reto, en un objetivo más elevado, en un premio prometido o, sencillamente, en el mismo disfrute de hacer algo, sea lo que sea, si eres un perfeccionista tu estímulo es el miedo al fracaso. Tu mantra es: «¡No metas la pata!». Solo lograrás relajarte cuando hayas completado la interacción social o la tarea sin cometer ningún error.

Esta mentalidad suele dispararse cuando la percepción de amenaza se concentra en tu posición dentro de la tribu. Si el resultado de la situación puede traducirse en que seas juzgado negativamente por tu familia, tus amigos, tus iguales o superiores, la mente de mono hará sonar la alarma. Para el mono, perder estatus podría significar tener menos aliados, menos dinero, menos opciones de encontrar pareja o incluso un rechazo absoluto; todas ellas, potenciales amenazas para tu supervivencia.

Cuando estamos secuestrados por la ansiedad tendemos a pensar con el mono. Sobrevaloramos la amenaza y subestimamos nuestra capacidad para hacer frente a cualquier rechazo que pueda darse si la amenaza llegara a hacerse manifiesta. A consecuencia de ello, nuestra agenda diaria consiste en un centenar de pequeños fracasos que hay que prevenir. En los contextos sociales, no podemos malinterpretar algo en una conversación o, peor, no podemos no tener algo inteligente o divertido que decir. No nos atrevemos a llegar tarde, a vestir de forma incorrecta ni a olvidarnos de usar enjuague bucal. Nunca podemos ponernos en ridículo ni permitir que nos critiquen por nuestra conducta. Nos preguntamos:

«¿Habré causado una buena impresión?». Nuestra vida social es como un castillo de naipes: un estornudo y todo se derrumba.

El perfeccionista se esfuerza por ser el mejor, pensando que así nadie puede criticarle. Pero, como siempre hay alguien que es mejor o que amenaza con mejorar lo presente, siempre tendrás algo que demostrar. Así que te comparas con los demás con la esperanza de descubrir que eres igual de bueno o mejor.

Lo más habitual es que te quedes corto. La perfección es algo muy difícil de conseguir. Por consiguiente, te sientes como un impostor y trabajas con más ahínco para que nadie sospeche que lo eres. Dedicas unas horas extra a trabajar, pero nunca te sientes seguro del todo. Por lo visto, el perfeccionista nunca consigue llegar a ese punto dulce en el que encaja sin más.

Sin embargo, nuestra cultura glorifica la perfección. Los líderes empresariales de éxito a menudo se autoproclaman perfeccionistas, tratando la etiqueta como una medalla al honor. La «búsqueda de la perfección» de los grandes artistas, músicos o héroes del deporte suena muy noble, pero en realidad hay relativamente pocos triunfadores que esperen de sí mismos la perfección. Es posible que apunten a las estrellas, pero se conforman si se quedan cortos y no dejan que eso les impida volver a intentarlo.

Por el contrario, los perfeccionistas a menudo solo hacen cosas en las que saben que son buenos. Aceptarás el encargo si se adecúa a tus fortalezas. Te unirás al equipo siempre y cuando seas el mejor en tu posición. Si te endilgan algo que no se te da bien, es probable que lo pospongas hasta el último minuto, momento en el que tendrás una excusa –no tengo tiempo suficiente– para ser menos que perfecto.

Como el perfeccionista no puede cometer errores, tiene que ir sobre seguro. Marcarás un objetivo siempre y cuando los pasos necesarios para llegar hasta allí estén claros. Evitarás las tareas que no formen parte de tu experiencia o que comprometan tus habilidades. Esquivarás los problemas que precisen creatividad, porque esta requiere experimentación e intentos errados.

Pero el fracaso siempre es funesto. Hay un riesgo implícito en todos nuestros actos o decisiones. Cuando nos permitimos correr algún riesgo, nos concedemos más opciones y nos preparamos para cuando las cosas salgan mal. Si nos negamos el privilegio de equivocarnos o de fracasar, seremos incapaces de asumir el riesgo necesario para alcanzar nuestros objetivos personales. Por eso, además de a la ansiedad, el perfeccionismo está asociado a la depresión, la procrastinación, la adicción y la baja autoestima.

ERIC

Eric –un caso ilustrativo, como el de María– acudió a mí con dos problemas. Tenía dificultades para tomar decisiones importantes en el trabajo y, a consecuencia de ello, se estaba quedando rezagado, a pesar de pasarse allí sesenta horas a la semana. En su menguante tiempo libre, se «refugiaba en casa», como decía él, en lugar de salir a conocer gente. Todo ello culminó cuando se sintió tan avergonzado por su rendimiento laboral en los últimos tiempos y tan temeroso de «meter la pata si decía alguna idiotez» que no acudió a la fiesta de la oficina que celebraban cada año por vacaciones, a pesar de ser uno de los fundadores de la empresa.

No costaba mucho discernir el hilo que unía los dos problemas de Eric. Aunque afirmaba amar su trabajo como administrador de tecnologías de la información, lo había convertido en una actuación para los demás. En el trabajo todos, desde sus compañeros hasta el último asistente administrativo, formaban parte del público que lo observaba mientras él estaba bajo los focos en el escenario. Un solo error y sus críticas acabarían con el espectáculo.

En el ámbito social también estaba interpretando un papel. Eric tenía sobrepeso y se sentía poco atractivo. Creía que no se le daba bien la conversación trivial y cada palabra que salía de su boca le sonaba falsa. A su alrededor, la gente parecía interactuar de forma relajada y natural. Eric se sentía como un actor sin guion, improvisando ante una severa multitud. Estaba seguro de que lo juzgaban duramente.

Eric era una rueda de accionamiento. Él creía que necesitaba probarse a sí mismo cada minuto del día. Consideraba que cualquier error que cometiera, y cualquier juicio o crítica que recibiera, significaba que no era lo bastante bueno o que había fracasado de alguna forma. En la mente de Eric, sus defectos lo hacían menos digno como ser humano, un candidato al rechazo por parte de sus seres queridos y de aquellos de los que dependía. Creía que, mientras mantuviera accionada la rueda perfeccionista, podría seguir evitando que eso sucediera. Si tienes esta misma mentalidad perfeccionista, contarás con tu propia rueda de accionamiento. Tu estatus se ve amenazado por infinidad de riesgos, cada uno de los cuales es un problema que tienes que solucionar.

Algunos de los problemas que nos acucian a los que tenemos mentalidad perfeccionista son el exceso de trabajo, el bajo rendimiento (por no probar cosas que no se te dan bien), creer que si la gente ve tu yo verdadero pensarán que eres un fraude (síndrome del impostor), rumiar sobre los errores del pasado, baja autoestima, procrastinación, dificultad para tomar decisiones y ser excesivamente conservador con las decisiones que tomas, rumiar sobre las interacciones sociales, timidez y una tendencia a la retracción por miedo a ponerte en ridículo o a que los demás te juzguen severamente. Puedes completar un cuestionario para ayudarte a evaluar tu tendencia a la *Mentalidad perfeccionista* en: http://www.newharbinger.com/35067.

HIPERRESPONSABILIDAD

Uno de los mejores cumplidos que cualquiera puede hacerte es que eres una persona responsable. En casa, las personas responsables apoyan a sus seres queridos tanto emocional como económicamente, conformando familias fuertes. En el trabajo, las personas responsables analizan sus propias flaquezas y errores y, en lugar de poner excusas, aprenden de ellos para desarrollar nuevas destrezas y fortalezas, y ascender. En la sociedad, la responsabilidad es lo que nos permite esforzarnos para construir un mundo más justo e igualitario. La responsabilidad nos hace preocuparnos por la pobreza y la contaminación. Asumir la responsabilidad significa no empeorar las cosas y emprender acciones para resolver problemas.

Así pues, ¿qué problema hay con ser hiperresponsable? ¿Puede uno excederse en algo bueno? ¡Ya lo creo!

Mi hija Rose siempre ha sido desordenada y olvidadiza. Cuando era pequeña, la peor parte del día eran las mañanas. Se levantaba media hora antes de que llegara el autobús, desayunaba tranquilamente y en el último momento se preparaba a toda velocidad para ir a la escuela. Lógicamente, se olvidaba de cosas como el abrigo, el almuerzo o los deberes, y yo me volvía loca intentando «ayudarla». La presionaba, le recordaba las cosas, la regañaba. Lo peor era que cuando me llamaba para decirme que se había dejado en casa una tarea importante y la necesitaba desesperadamente o le pondrían un suspenso, ¡yo se la llevaba a la escuela!

A algunos esto les parecerá propio de una buena madre. Cuando queremos a alguien, deberíamos protegerlo de que le pasen cosas malas, ¿no es cierto? Esa es la presunción cultural que compartimos, pero la verdad es que para que Rose lograra entender su propia responsabilidad y lo que tenía que hacer para sobrevivir y prosperar, tendría que sufrir las consecuencias de sus propios actos. Iba a tener que llevarse un «insuficiente», puede que incluso catear la asignatura. Era la única forma de que aprendiera, pero yo era demasiado hiperresponsable para permitirlo.

Bajo la apariencia de ser responsable con mi hija, estaba siendo irresponsable conmigo misma. Pensar que somos capaces de cambiar a los demás o de hacer que sean felices conduce al agotamiento, tanto personal como profesional.

¿Te dedicas a «complacer a los demás» y no sabes decir que no ni establecer límites? ¿Eres el «voluntario» que se queda solo cuando todos los demás han dado un paso atrás? ¿Eres el que les «cubre las espaldas» a los demás, aunque eso signifique hacer más de lo que te corresponde? ¿Pueden contar contigo para que no les defraudes nunca? ¿Y qué hay de las reuniones familiares? ¿Eres el «buen anfitrión», preocupado por que todo el mundo se divierta? ¡Eso me suena, ya lo creo!

Los hiperresponsables tienen miedo de perder la conexión. Orientamos nuestra responsabilidad hacia aquellos a quienes sentimos que no podemos arriesgarnos a disgustar: el jefe, los compañeros de trabajo, los amigos y familiares, e incluso, en algunos casos, a perfectos desconocidos. En este proceso, nos olvidamos de nosotros mismos.

Tal vez seas consciente de estar haciendo demasiado y trates de establecer límites con los demás. Si parecen decepcionados, ¿te sientes culpable o egoísta por su asertividad? Si los demás se disgustan contigo, ¿piensas que es culpa tuya que se sientan así? Incluso cuando se molestan por algo que no tiene nada que ver contigo, con tu mentalidad hiperresponsable piensas que es tu obligación hacer algo al respecto. La mentalidad hiperresponsable te llama a que te partas el espinazo para amoldarte a las necesidades y expectativas de los demás, a hacer cualquier cosa para conservar la conexión.

Eso no quiere decir que no compartamos todos cierta responsabilidad. El medio ambiente, el hambre en el mundo y las guerras son buenos ejemplos de amenazas reales contra la salud y la seguridad de la humanidad, y cada individuo participa de la resolución de estos problemas. Pero si no puedes descansar hasta que el mundo esté bien alimentado, todos los países estén en paz y el medio ambiente esté a salvo, es que tienes un pensamiento hiperresponsable.

Cuando la hiperresponsabilidad se convierte en la carga más pesada y más difícil de identificar es cuando se percibe la amenaza hacia la seguridad y el bienestar de los demás. Se nos enseña a preocuparnos, a tender la mano cuando es necesario, a cuidarnos los unos a los otros. Cuando alguien que te preocupa toma una mala decisión, ¿piensas que sería recomendable que le corrigieras, que le señalaras qué podría hacer en cambio? Cuando alguien a quien amas sufre, ¿crees que no podrás sentirte mejor hasta que esa persona deje de sufrir?

SAMANTHA

A las personas hiperresponsables les cuesta identificar qué pueden controlar y qué no. Incluso cuando tienes un interés personal muy profundo en un conflicto, si una solución escapa a tu control, no es responsabilidad tuya. A modo de ejemplo, veamos el caso de Samantha, una paciente cuyo hijo de treinta años, que tenía un problema con el alcohol, le causaba una gran angustia. Durante los diez años anteriores a su primera consulta conmigo, fue gastando una parte importante de sus ahorros y descuidando su propia salud en un intento por salvar a su hijo de su adicción, haciendo todo lo posible, desde pagarle el alquiler atrasado hasta presionarle para que se sometiera a rehabilitación. Samantha no creía tener alternativa. Su hijo era un alcohólico y fácilmente podía perder el conocimiento o hacerse daño, o podía quedarse sin trabajo y acabar en la calle.

Ella pensaba:

Mientras mi hijo esté sufriendo, tengo que hacer algo para arreglar su problema.

Las necesidades de mi hijo son más importantes que las mías.

Si establezco un límite con mi hijo y él se disgusta, es por mi culpa.

Si le pasa algo malo a mi hijo y yo podría haberlo evitado de alguna forma, será por mi culpa.

Pensar que el único modo de ser feliz y estar a salvo es si los demás son felices y están a salvo te carga con una infinidad de tareas y problemas; es demasiada responsabilidad para cualquiera. Por mucho que intentes hacer felices a los demás y trates de mantenerlos a salvo, no puedes cambiarlos. Seguirán dependiendo de ti mientras tú sigas fomentando esa situación. En conclusión: si el hecho de tener que ocuparte de tus propias necesidades se ve afectado por el hecho de tener que ocuparte de los demás, estás siendo hiperresponsable.

Los problemas que surgen a raíz de la mentalidad hiperresponsable incluyen: trabajar más que los demás, asumir los problemas de los demás, cuidarte poco, estar agotado y preocupado, pensar todo el tiempo en los demás, dar consejos hasta el punto de alejarlos de tu lado, culparte por todo, no saber establecer límites ni ser asertivo. Para ayudarte a identificar esta mentalidad en tu vida, responde al cuestionario *Hiperresponsabilidad* en: http://www.newharbinger.com/35067.

Estas son las tres falsas suposiciones propias de la mentalidad de mono. «Mientras esté seguro, mientras sea perfecto y mientras los demás estén bien, yo estaré a salvo, podré relajarme y ser feliz». Cada una de estas suposiciones sobrevalora la amenaza y subestima nuestra propia capacidad para hacerle frente. Cada una de ellas trata la percepción de amenaza como algo riguroso, un problema que solucionar.

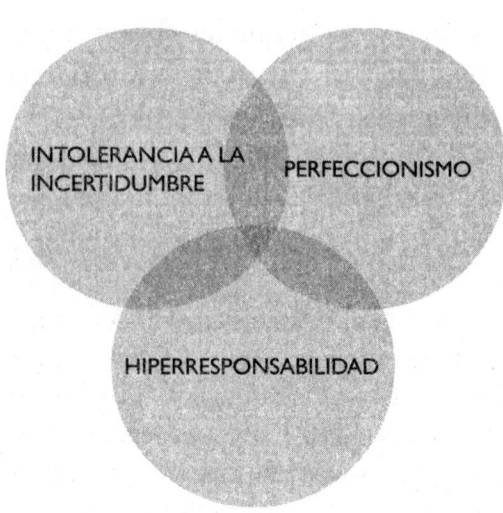

INTOLERANCIA A LA INCERTIDUMBRE

PERFECCIONISMO

HIPERRESPONSABILIDAD

Si eres excesivamente ansioso o sufres un trastorno de ansiedad, reconocerás en tu propia forma de pensar al menos una de estas suposiciones. Es posible que mezcles la necesidad de certidumbre con un pensamiento perfeccionista o que, como yo, combines las tres.

Dado que esta mentalidad está siempre presente cuando estamos ansiosos, es tentador pensar que esa es la causa de todas nuestras ansiedades. Buena parte de la terapia y la autoayuda se basa en la premisa de que, si cambiamos nuestra forma de pensar, todo cambiará. No obstante, como te dirá cualquier científico, hay una gran diferencia entre asociación y causalidad.

Yo más bien interpreto la relación entre la mentalidad de mono y nuestra ansiedad como el enigma del huevo y la gallina. Lo que importa, y de eso trata el siguiente capítulo, no es qué vino primero –la mentalidad o la ansiedad–, sino qué es lo que les da sustento a las dos. Una pista: precisamente, lo que haces para controlar la ansiedad, ¡es lo que alimenta al mono!

LECCIÓN DEL CAPÍTULO DOS

Cuando estamos secuestrados por la ansiedad, adoptamos la mentalidad de mono, que da por supuesto que para estar a salvo tenemos que estar seguros de todos nuestros resultados, ser perfectos y hacernos responsables de los sentimientos y actos de los demás.

TRES

ALIMENTANDO AL MONO

¿Recuerdas cómo utilicé en el capítulo 1 la expresión «saltar repentinamente» para describir nuestra reacción ante la ansiedad? No era ninguna exageración. Tanto si se trata de saltar de forma literal para apartarte de la trayectoria de un camión a toda velocidad o tan solo de posponer una decisión importante, estás actuando con abandono, sin reparar en las consecuencias venideras. Tanto si se trata de volver a llamar al médico a propósito de un lunar que te ha salido en el brazo o de llamar a tu hijo para asegurarte de que está sobrio, estás actuando para mantenerte a salvo, a ti o a tu ser querido, ahora mismo. Aquello que hacemos instintivamente para evitar, resistirnos o distraernos de las sensaciones negativas son lo que yo llamo «estrategias de seguridad».

Cuando decidí investigar más, limarme las uñas y limpiar en lugar de escribir mi libro, estaba poniendo en práctica estrategias de seguridad, conductas que iban a mantenerme a salvo de las amenazas primordiales percibidas: pérdida de posición social y expulsión de la tribu.

Naturalmente, todo esto no era fruto de una reflexión. En un estado mental secuestrado, es difícil, si no imposible, tener conciencia de uno mismo. Ponemos en práctica estrategias de seguridad de forma inconsciente, como respuesta a la ansiedad, la llamada a la acción de la mente de mono. «Algo va mal. ¡Actúa!». Y cuando hacemos algo, el mono nos recompensa. Levanta el dedo del botón de la ansiedad y sentimos alivio. En cuanto bajé la pantalla del portátil me sentí mejor. Mi estómago se relajó y mi ritmo cardíaco recuperó la normalidad. Ya no estaba ansiosa y seguía llevando a cabo tareas pendientes. Después de un descanso, podía volver a ponerme a escribir, empezar de nuevo y todo saldría mejor, ¿verdad?

¡Error! La mente de mono no solo estaba buscando entre mis pensamientos signos de amenaza, también vigilaba mi conducta. Cuando bajé la pantalla del portátil, le envié un mensaje a mi mono. El mensaje era: «¡Buen aviso! Escribir es peligroso para mi supervivencia».

Le confirmé la amenaza. Estuve de acuerdo con mi mono en que debía evitar escribir el libro. La mente de mono confirma cosas. Como ya señalé en el capítulo 2, la evaluación de riesgos no se le da bien y, en general, se fía de conjeturas hechas a ojo. Mi confirmación de la amenaza era una recompensa. Estaba «alimentando al mono».

Te puedes imaginar qué hizo el mono más avanzada la mañana, cuando volví a sentarme a escribir. Me martilleó otra vez con un tsunami de pensamientos y sentimientos angustiosos. Mi estrategia de seguridad mantenía el ciclo de la ansiedad. Cada vez que alimentaba al mono, con cada repetición del ciclo, a cambio de un alivio temporal de la ansiedad, me garantizaba a mí misma un futuro de mayor ansiedad.

Este es el aspecto que tiene un ciclo de ansiedad.

Percepción de amenaza

Confirmación de la amenaza

Ansiedad

Estrategia de seguridad

Cuando te enfrentas a camiones que circulan a toda velocidad, serpientes de cascabel y osos, es positivo alimentar el ciclo de la ansiedad, pero la mayoría de las situaciones con las que lidiamos a diario son más ambiguas. ¿Era real la amenaza de perder estatus con mis amigos, mi familia y los demás profesionales del ramo por escribir un libro malo?

Es posible. Pero si calculamos en qué medida es una amenaza, el que tiene un problema es el mono. La estimación de las probabilidades y la evaluación de riesgos se hacen en otro punto del cerebro. El mono no sabe matemáticas.

Solo sabe hacer conjeturas. Como sucede tan a menudo en el caso de las personas con ansiedad, sus conjeturas tienden a lo seguro. ¿Y por qué motivo habría de cambiar su conjetura si mi conducta acaba de confirmarla?

La mente de mono es como un niño pequeño o un animal doméstico que te observa en busca de un indicio. Recalco la palabra «observar». A esta parte de tu cerebro no puedes decirle nada. No se puede razonar con el mono, no se le puede consolar ni distraer de su misión. El único modo que tenemos de conseguir lo que queremos en la vida es imponernos a sus advertencias por medio de nuestra conducta.

En mi caso podía significar seguir escribiendo a pesar de la ansiedad que sentía. Si era capaz de hacerlo durante un tiempo suficiente, a la larga el mono captaría el mensaje de que puedo enfrentarme a la escritura de un libro y tolerar el riesgo que implica. Pero ¿cómo iba a poder hacerlo cuando estaba actuando con la mentalidad de mono, cuando compartía la misma percepción de «amenaza»?

Tenía que imponerme a la mentalidad de mono, al menos temporalmente, antes de poder llevar a cabo cualquier cambio de estrategia. Y, por desgracia, cada vez que usamos una estrategia de seguridad reforzamos asimismo la mentalidad de mono.

ALIMENTAR LA MENTALIDAD

¿Recuerdas que, de niño, cruzabas los dedos con la esperanza de que tus padres pararan a comprar un helado?

Si no se paraban, te olvidabas del asunto, pero si lo hacían, llegabas a una conclusión: «Como he cruzado los dedos, ¡estamos comiendo helado!». O tal vez te acuerdes de sentirte responsable por algo de lo que no eras culpable. «Como he desobedecido a mi madre, ella ha pillado una gripe estomacal».

En un estado mental angustiado y secuestrado, nuestro pensamiento se vuelve infantil y supersticioso. Atribuimos todos los resultados a nuestra propia conducta. Si pones en práctica una estrategia de seguridad y resulta que acaba bien, inconscientemente llegas a otra conclusión: «Como he tomado precauciones, ¡estoy a salvo!». Esto es lo que yo llamo la «lógica de mono».

La lógica de mono funciona a las mil maravillas cuando tu seguridad se ve realmente amenazada. Pero cuando la amenaza se percibe sin razón, tan solo apuntala la mentalidad de mono. Cuando bajé la pantalla de mi portátil aquella mañana, reconfirmé las suposiciones de mi mentalidad de mono: «¡Tengo que estar segura! ¡No puedo cometer errores! ¡Soy responsable de todo el mundo!». Cuando alimentamos al mono, alimentamos la mentalidad de mono.

Mientras me aferré a mi mentalidad de mono y utilicé las estrategias de seguridad, estuve a salvo, a salvo de equivocarme, de fracasar y de decepcionar. Impedía que sucediera lo peor: perder la posición social. Pero al hacerlo también impedía que sucediera lo mejor que podía imaginar: escribir mi libro.

Cuando vienen a verme mis pacientes, también ellos se están perdiendo lo mejor. Echemos un vistazo más detenidamente a los ciclos de ansiedad que los mantienen angustiados y atascados en una mentalidad de mono.

LA INTOLERANCIA
A LA INCERTIDUMBRE DE MARÍA

María, que tenía la preocupación de que su sensibilidad física fuera un indicio de una enfermedad grave, no era especialmente activa y su estilo de vida sedentario la hacía propensa a padecer una cantidad de dolores y achaques mayor de la que cabría esperar. El dolor en el pecho, en concreto, disparó una percepción de amenaza. Al pensar que estaba sufriendo un ataque al corazón, visitó a su médico y acudió a Urgencias en numerosas ocasiones, para descubrir que tan solo se había lastimado un músculo de la caja torácica o que tenía un calambre que luego había desaparecido espontáneamente.

Por muchas veces que se repitiera el patrón, la ansiedad de María no hacía sino empeorar. A ella le parecía que su cuerpo era un campo de batalla, un lugar incómodo. El mono de María hacía horas extra, alertándola de las amenazas a su seguridad. Lo que alimentaba el frenesí era la reacción de María a la alerta de ansiedad. Cada vez que tomaba medidas para asegurarse de que estaba a salvo, confirmaba la amenaza, recompensando la mente de mono con un hermoso plátano maduro. Con una impecable lógica de mono, este deducía: «Como he alertado a

María sobre la posibilidad de un ataque al corazón, ¡ella ha ido al médico y lo ha prevenido!».

El ciclo de ansiedad de María se completaba y ya estaba listo para volver a empezar. Este es su aspecto:

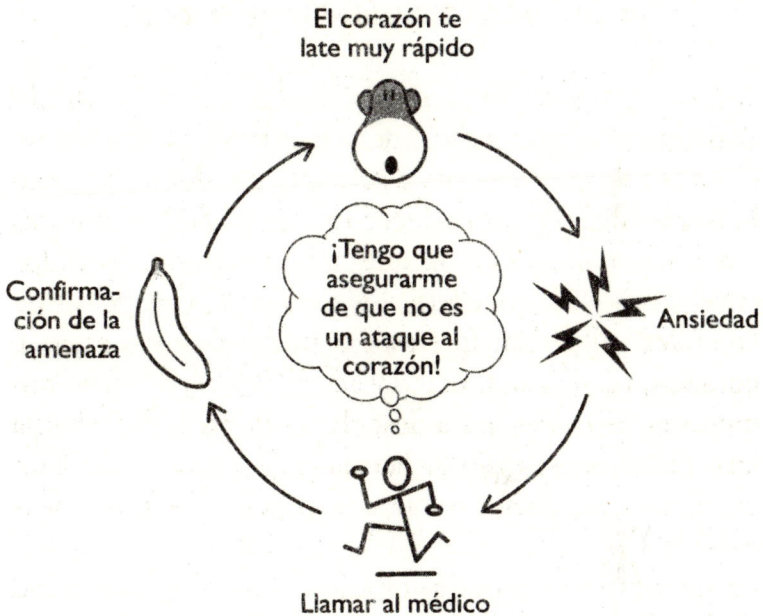

Por supuesto, María no solo estaba alimentando a su mono. Estaba pensando con él. La lógica de mono dictaba: «Como he ido a Urgencias y he confirmando que mi corazón está bien, está bien». Cada vuelta en su ciclo de ansiedad reforzaba la suposición «Tengo que estar seguro», propia de la mentalidad de mono.

María creía que necesitaba tener la certeza de sus síntomas físicos. Y tú, ¿de qué crees que tienes que estar seguro?

EL PERFECCIONISMO DE ERIC

La ansiedad de Eric se desató a causa de las dudas que tenía sobre si era lo bastante bueno para ser aceptado por los demás. Como él pensaba que tenía que ser perfecto para ser aceptado en su trabajo de gestión, además de en su entorno social, tenía muchas dudas. Un buen ejemplo fue la vez en que tuvo decidir a qué proveedor contratar para una importante actualización informática en la oficina. Aunque todos prometían mejorar su eficiencia, se produciría una transición potencialmente difícil en la que todos tendrían que aprenderse el sistema, con independencia del que eligiera. Para Eric, hacer la elección adecuada era esencial para mantener su posición en la empresa. Para su mente de mono la decisión era una amenaza primordial. Si escogía una solución con una curva de aprendizaje difícil o una que no funcionara tan bien como todos esperaban, lo juzgarían como un fracasado y, de hecho, lo expulsarían de la tribu.

Eric gestionó la ansiedad analizando las opciones en sus horas libres. Se entrevistó largo y tendido con representantes de varios proveedores, recabó notas y llevó a cabo múltiples proyecciones. Después de pasarse meses trabajando en sus horas libres y respondiendo a preguntas de su equipo, que estaba cada vez más impaciente, aún seguía sin acercarse siquiera a tomar una decisión.

Eric estaba en un ciclo de ansiedad. Cada vez que surgía el tema de la decisión informática, su mente de mono la etiquetaba como una amenaza y hacía saltar la alarma de la ansiedad. «Tienes que resolver esto bien. ¡Haz algo!». En lugar de tomar la decisión, Eric hacía otra llamada telefónica a uno de los representantes o investigaba un poco más o elaboraba otra lista de pros y contras. Cuando se embarcaba en estas estrategias de seguridad, su ansiedad se rebajaba y, al menos de momento, la crisis amainaba.

Las estrategias de seguridad de Eric le impedían no solo tomar una decisión «no tan perfecta», sino cualquier decisión. Cada vez que posponía la decisión en respuesta a la alarma del mono, lo estaba alimentando. Confirmar la percepción de amenaza en torno a la toma de decisiones programaba a su mono para lanzar más alarmas de ansiedad en el futuro.

Cada vez que le daba de comer, el mono alimentaba asimismo la mentalidad perfeccionista de Eric. La lógica de mono dictaba: «Como he demorado la decisión, no he cometido un error y estoy a salvo».

Aquí está el ciclo de ansiedad de Eric reflejado en un diagrama:

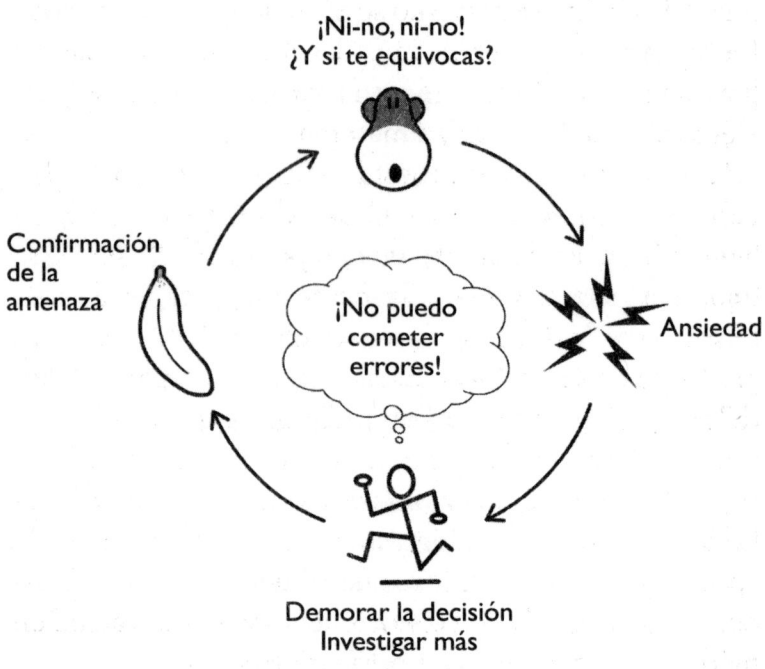

LA HIPERRESPONSABILIDAD DE SAMANTHA

Para Samantha, madre de un hijo alcohólico, el ciclo de ansiedad era devastador. Como ya he señalado antes, la amenaza percibida era real. Su único hijo se arriesgaba a perder su empleo, su casa, su vida, y no hay padre ni madre en la Tierra que no sienta ansiedad ante semejante situación. Pero Samantha estaba agotando sus ahorros al tratar de cubrir los gastos de él, pagándole unos tratamientos de rehabilitación que no daban resultado. Samantha tenía la tensión alta y no dormía bien. Su médico le dijo que debía cuidarse más o no serviría de ayuda para nadie. La pregunta era, treinta años después de haber dado a luz a su hijo, por qué Samantha seguía manteniendo ese elevado nivel de ansiedad maternal.

Para obtener una respuesta, empecemos con la percepción de amenaza más habitual en el día a día de Samantha. Cuando llevaba un tiempo sin saber nada de su hijo, enseguida le venían a la mente imágenes, escenas de terror, como la de su hijo inconsciente en el suelo con sangre brotándole del oído. Estas imágenes eran normales, del todo inocuas y no daban indicios de que la amenaza fuera más inminente que antes de que la imagen surgiera. Pero cuando el mono veía estas imágenes hacía sonar la alarma, enviándole a Samantha un doloroso estado de aprensión. Inmediatamente quedaba secuestrada. Pensaba: «¿Y si ha perdido el conocimiento y necesita atención médica? Si no hago algo podría morir».

Lo que hacía Samantha a continuación era automático. Lo llamaba para ver cómo estaba. Si oía su voz, sabía que estaba bien y podía dejar de tener esa sensación. Esa era la estrategia de seguridad de Samantha. Estaba manteniendo a su hijo a salvo y, en cuanto oía su voz –aunque sonara molesto y se mostrara cortante con ella–, sentía que podía volver a respirar. La crisis quedaba cancelada o, más bien, pospuesta.

Al llamar a su hijo para confirmar que estaba vivo y se encontraba bien, Samantha le estaba diciendo a su mono que la percepción de amenaza era real, que en efecto su hijo podría haber estado inconsciente y sangrando. E realidad, le había dicho a su mono: «¡Gracias por la advertencia! Generarme ansiedad ha logrado captar mi atención y ha salvado a mi hijo. ¡Asegúrate de hacer lo mismo la próxima vez que tenga un pensamiento como ese!».

Aquí lo tenemos todo en una sola imagen.

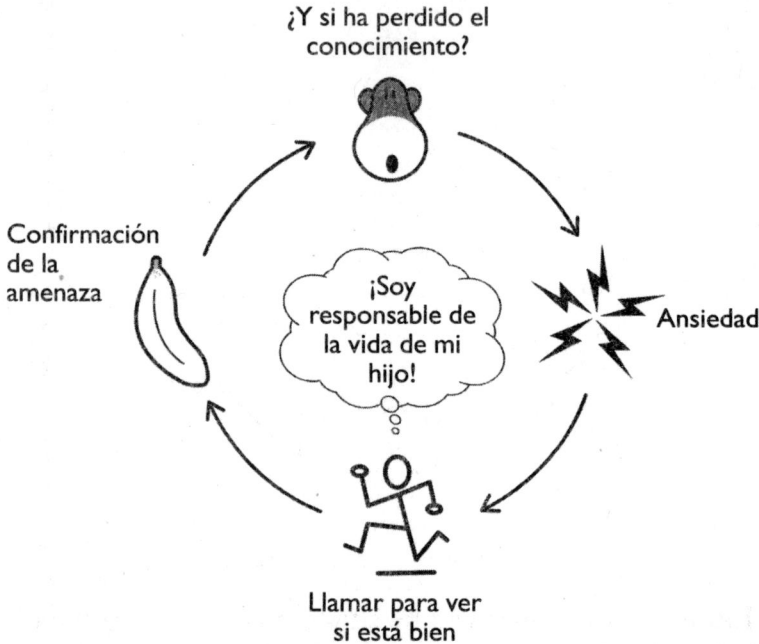

Alimentar al mono avivaba el ciclo y cada vuelta no solo reforzaba la percepción de amenaza, sino que también reforzaba su mentalidad de mono. Su lógica de mono decía: «Como he llamado a mi hijo, está vivo», apuntalando la creencia del mono de que ella era responsable de mantenerlo con vida.

¿Identificas tu propio ciclo de ansiedad? Un ejercicio muy poderoso es visualizar cualquier ciclo en el que estés atrapado. Primero, descarga el gráfico *Ciclo de ansiedad*, que encontrarás en: http://www.newharbinger.com/35067.

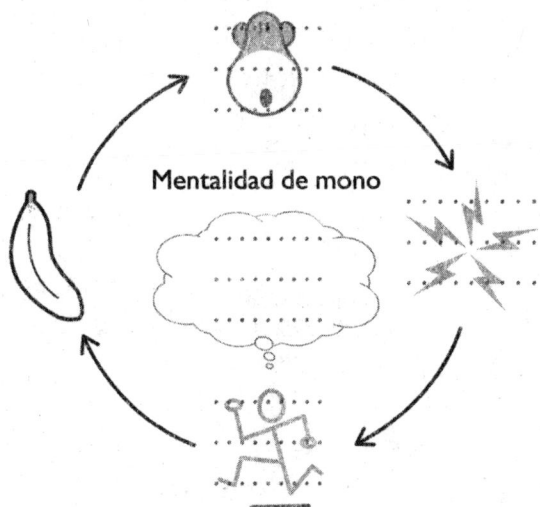

Percepción de amenaza

Mentalidad de mono

Estrategias de seguridad

Empieza por pensar en una situación que te genere ansiedad. Puede ser una sensación física, como en el caso de María, puede ser una situación que se presente en el trabajo o puede estar relacionada con tu vida doméstica o familiar. Cuando tengas en mente una situación delicada, hazte estas tres preguntas:

1. ¿De qué tengo miedo?

2. ¿Qué es lo peor que podría pasar si se hace realidad?

3. ¿Qué significaría con respecto a mí, a mi vida o a mi futuro?

Utiliza las respuestas a estas preguntas para determinar tu percepción de amenaza.

Seguidamente, describe cómo te hacen sentir estos pensamientos. ¿Qué emociones y sensaciones negativas puedes identificar? ¿Qué partes de tu cuerpo se ven afectadas? Toma nota de ello en tu gráfico.

Cuando ya hayas entendido qué es lo que piensas y sientes, hazte esta pregunta: «¿Qué es lo que hago para evitar que suceda lo peor?». Esta conducta es tu estrategia de seguridad. Cuando lo hayas escrito, entonces el ciclo estará… casi completo.

Al poner en marcha tu estrategia de seguridad, ¿qué mentalidad o combinación de mentalidades de mono se activan? Escribe la respuesta en el centro. Para que sea sencilla, puedes usar cualquiera de las tres suposiciones que mejor se adapte a la situación: «Tengo que estar seguro al 100 %», «No puedo cometer errores» o «Soy responsable de la felicidad y la seguridad de todo el mundo».

Ni María ni Eric ni Samantha vivían la vida que querían. Pensar con mentalidad de mono es como ser un arquero que cree que debe clavar la flecha en el centro del blanco. El resto de la diana cuenta como un fracaso. Únicamente cuando la flecha da en el blanco, en el círculo de seguridad, será posible la satisfacción, pero solo hasta el siguiente «fallo». Es una mentalidad de «todo o nada», que normalmente conduce a no tener nada.

EL CICLO DESCENDENTE

Las estrategias de seguridad y la mentalidad de mono están orientadas a eliminar los riesgos. Pero sin un poco de riesgo, es imposible tener nuevas experiencias y aprendizaje. Nuestros pensamientos, nuestra conducta y nuestro nivel de ansiedad se vuelven rígidos y predecibles. Con el tiempo, nuestros deseos más profundos caen en el olvido. A Eric le daba miedo ir a trabajar a la empresa que él mismo había fundado. María dejó de hacer aquello que más le gustaba –viajar– porque no se atrevía a alejarse de su hospital. Samantha nunca iba a poder jubilarse, porque la responsabilidad para con su hijo le estaba vaciando la cuenta bancaria, y perjudicaba su salud. En el ciclo de la ansiedad, la alegría de vivir se pierde. Nuestro mundo se vuelve más y más pequeño.

«¿Acaso la mente de mono no se da cuenta de que en la vida hay más cosas aparte de la supervivencia? –preguntarás–. ¿Es posible que sea tan primitiva y estúpida como para no captar lo que es importante para mí? ¿No puede aprender nada? ¿No es capaz de ver lo que yo quiero para mí mismo y, simplemente, bajar el nivel de ansiedad para que pueda obtenerlo?».

No, no puede. Es imposible razonar con la mente de mono. Es demasiado simple y demasiado primitiva para ver la panorámica completa que tú sí ves con el resto de tu cerebro. El mono tiene una visión pequeña y estrecha del mundo. Su percepción de lo que es una amenaza y lo que no lo es solo se puede alterar mediante una cosa: aprender observando lo que tú haces. Si quieres dejar de ser dominado por el mono, eres tú el que va a tener que cambiar.

Esta es la promesa que yo te hago: en cuanto aprendas a responder sabiamente a la ansiedad, en lugar de reaccionar a ella, no solo serás resiliente a la ansiedad, sino que se abrirán ante ti infinitas posibilidades. Nuevas experiencias y aprendizajes expandirán tu mundo y enriquecerán tu vida más allá de lo que te puedas imaginar en este momento.

Sin embargo, antes de que puedas cambiar nada, necesitarás ser muy consciente de lo que estás haciendo ahora. En el siguiente capítulo aprenderemos a identificar las estrategias que estás usando ahora para evitar los sentimientos negativos y mantenerte seguro.

LECCIÓN DEL CAPÍTULO TRES

Cuando respondemos a la ansiedad evitándola o resistiéndonos a ella, confirmamos la percepción de amenaza —alimentamos al mono— que da sustento tanto a nuestro ciclo de ansiedad como a nuestra mentalidad de mono.

CUATRO
IR SOBRE SEGURO

Todos hemos visto la clásica escena de supermercado en la que una madre exhausta, en un intento por calmar las rabietas de un niño de tres años, coge una caja de galletas del estante para que se tranquilice. Es posible que hasta hayas interpretado el papel de la madre en esta representación. Todo espectador, además de cada progenitor, comprende la inutilidad de esta transacción. Si bien se garantiza una paz temporal, la lección que recibe este niño es: «Si lloro en el supermercado, obtendré un premio».

No podemos esperar que la mente de mono deje de causarnos ansiedad si seguimos premiándolo por hacerlo. Si verdaderamente quieres librarte de la ansiedad, es perentorio que analices tus hábitos de alimentación del mono. A modo de experimento, empieza a observar cómo transcurre tu día a día. ¿Cuándo sientes ansiedad? ¿Cómo respondes a la llamada a la acción de la mente de mono?

Por ejemplo, si te encuentras un atasco de camino al trabajo, ¿conduces de forma distinta? Si llegas tarde a una cita, ¿eso cambia tu forma de entrar en la sala? Si alguien te contradice, ¿cómo reaccionas?

No intentes cambiar nada todavía. Limítate a observarte y a escucharte sin juzgar nada como bueno o malo. Tan solo fijándote en tus actuales estrategias de seguridad ya estás dando un paso de gigante hacia la libertad. ¿Por qué? Porque cuando te fijas en tus estrategias de seguridad te fijas también en tu mente de mono. Esto abre un espacio entre tú y ese bichito, lo cual te ayuda a ver la diferencia entre «él» y «tú». Cada pensamiento, sentimiento o acto en el que repares te ayuda a tomar conciencia de lo que, a falta de un término mejor, llamaré el «yo superior».

No te dejes engañar por la sencillez de esta tarea. A mis pacientes les cuesta identificar las estrategias de seguridad al principio, igual que a ti. Las estrategias de seguridad están tan integradas en tu rutina diaria y son tan corrientes en nuestra cultura que no es fácil verlas. Pero, hazme caso, en cuanto le cojas el tranquillo las verás a montones. Si te evalúas a ti mismo con franqueza, creo que te asombrará hasta qué punto tu actividad diaria da sustento a tu ansiedad.

Por tanto, ¿de qué estamos hablando exactamente? Desde luego no de conductas que realmente nos mantienen a salvo de un peligro auténtico. No quiero que dejes de cepillarte los dientes dos veces al día o de conducir por el lado correcto de la calzada. Una estrategia de seguridad, con el objetivo que nos hemos marcado en este libro, es «todo aquello que haces para sentir menos ansiedad o para neutralizar una amenaza mal percibida». Si estás sobrevalorando la amenaza o subestimando tu capacidad para enfrentarte a la amenaza, tratar de neutralizar la amenaza es una estrategia de seguridad.

Pero a menudo se nos hace difícil juzgar si nuestra ansiedad es el resultado de la suposición por parte de un mono desquiciado de que algo va mal –ni-no, ni-no– o una señal de que de verdad hay que hacer algo. Cuando permanecemos secuestrados en una mentalidad de mono, nuestro juicio queda ofuscado. Al mismo tiempo sobrevaloramos la amenaza y subestimamos nuestra capacidad para enfrentarnos a lo peor en caso de que realmente suceda.

Para ayudarte a determinar si una estrategia sospechosa está alimentando al mono, aquí tienes dos criterios:

1. **La estrategia solo proporciona un alivio temporal y hay que repetirla.**
2. **La estrategia te aleja o bien de tus objetivos, o bien de tus valores vitales.**

Cuando analizas una estrategia cuestionable, estas son las preguntas que hay que hacer: ¿estás repitiendo la conducta? Las estrategias de seguridad siempre forman parte de un patrón, un ciclo de ansiedad. ¿Estás dejando de lado tus intereses a largo plazo o comprometiendo tus valores personales a cambio de un alivio de la ansiedad a corto plazo? Si la respuesta a esas preguntas es sí, has encontrado la estrategia de seguridad.

CONDUCTA Y ESTRATEGIAS MENTALES

Existen dos tipos de estrategias de seguridad. El primer tipo está compuesto por las «estrategias de seguridad conductuales», las acciones que emprendemos y que alimentan la mente de mono. Estas conductas pueden resultar obvias, como no asistir a una fiesta porque te hace sentir incómodo conocer gente nueva, o bien sutiles, como asistir a la fiesta pero esperar a que los demás te aborden, en lugar de ser tú quien se aproxime. Mi costumbre de enfrascarme en las tareas del hogar en lugar de escribir, la evasión de la toma de decisiones de Eric, el hábito de María de buscar síntomas en internet y el de Samantha de llamar a su hijo para ver si está bien son todas estrategias de seguridad conductuales.

El segundo tipo de estrategia de seguridad no es tan fácil de observar en nuestra conducta. Me refiero a las «estrategias de seguridad mentales» de las que nos valemos para mantener a raya la ansiedad. Ensayar lo que vas a decir antes de hablar con alguien en la fiesta o darle vueltas, al día siguiente, a la estupidez que hayas podido decir o hacer son estrategias de seguridad mentales.

Otras estrategias de seguridad mentales son hacer listas mentales para acordarte de todo, revisar tus actos para asegurarte de que no se te ha olvidado hacer algo importante (como apagar el horno) y observar las sensaciones físicas que en tu mente puedan estar vinculadas a un problema de salud o posiblemente a un ataque de pánico. Pero la estrategia de seguridad más universal es la preocupación.

Ya sé que es contrario a la lógica pensar que la preocupación puede ser una estrategia de seguridad. Sin duda, preocuparnos no nos hace sentir más seguros, ¿o sí?

Cuando empecé a escribir libros, me preocupaban mis habilidades como escritora, además de si el mensaje que quería transmitir era novedoso y apropiado. Estuve rumiando sobre mis anteriores intentos de escribir, en el instituto y la universidad. Mi marido siempre se metía con mi gramática y mi puntuación, y trasladar al papel lo que en mi cabeza estaba claro era un reto.

¿Acaso mi preocupación me salvó de escribir de forma mediocre? No. De lo que me salvó fue de sentir realmente el riesgo que estaba corriendo. Al preocuparme, intentaba resolver el problema, cosa que me impidió sentir toda la fuerza de mi miedo. Angustiarme por lo que quería decir era mejor que la agonía que sentiría si aceptaba la posibilidad de que me había puesto en evidencia y que había defraudado a todo el mundo por haber escrito un libro malo.

La verdad era que en realidad escribir el libro me iba a ayudar a aclarar el mensaje que quería transmitir, y aunque no fuera especialmente bueno como libro, sobreviviría. La amenaza no era más que una percepción de mi mente de mono, una percepción que yo confirmaba cuando me preocupaba. Cuanto más me preocupara, más unida estaría a mi mono. Juntos acordamos que escribir el libro era peligroso, que podía hacerme perder mi posición en la tribu.

Preocuparse es algo tan ubicuo que casi nunca somos conscientes cuando lo estamos haciendo. Revisar mentalmente una y otra vez los mismos desafíos y problemas no los resuelve ni los hace desaparecer. Es nuestra respuesta instintiva a la llamada a la acción de la mente de mono: «¡Algo no va bien! ¡Actúa!». Preocuparse es actuar.

Es importante recordar que las estrategias de seguridad, tanto conductuales como mentales, en realidad alivian la ansiedad a corto plazo. Nos mantienen a salvo de las amenazas que percibe el mono y de la ansiedad que desencadena la percepción. Si pudiéramos confiar en las percepciones de amenaza de la mente de mono, no tendríamos motivos para analizar nuestras estrategias de seguridad. Sentiríamos ansiedad únicamente cuando la amenaza la garantizara y nos limitaríamos a hacer lo que es natural para estar a salvo.

Pero, ya que no podemos confiar en las suposiciones descabelladas de la mente de mono y puesto que estás experimentando ansiedad y estrés cónicos, ¿no te interesa analizar tu estrategia? ¿Qué estás haciendo para intentar controlar tu ansiedad? ¿Cómo estás alimentando al mono?

ESTRATEGIAS DE «TENGO QUE ESTAR SEGURO»

Mi ejemplo favorito de intolerancia a la incertidumbre, y con el que tengo más experiencia personal, es la sobreplanificación. ¿Tú también necesitas tener todo organizado? Cuando los planes de boda te absorben tanto tiempo que se te olvida la cara de tu prometido, cuando tu programación para las vacaciones es tan rígida que un imprevisto te lo arruina todo o cuando tu agenda de reuniones no da margen para que surja una idea nueva, tu estrategia es una estrategia de seguridad.

Justo al lado de la sobreplanificación está la elaboración compulsiva de listas. Hacemos listas de las tareas que tenemos por hacer, de las cosas que no queremos olvidar, de qué meter en la maleta para el viaje, de qué preguntarle al médico y de cosas que hacer en el tiempo libre. ¡Y no te olvides de la lista de todas tus listas!

Si no puedes ser feliz hasta que todo lo que hay en la lista esté tachado, no te estás concediendo muchas oportunidades para ser feliz. No solo es probable que haya algo que no consigas terminar de hacer, sino que habrá otra lista esperando a que la empieces. Cuando todo tiene que estar bien atado y controlado, lo que no estás tratando de controlar es la ansiedad.

¿Eres de los que se exceden queriendo tacharlo todo? Para ahuyentar los miedos al desastre financiero estamos pendientes de nuestras acciones y de las noticias de negocios. Para evitar la sensación de quedar excluidos comprobamos las redes sociales, las publicaciones sobre nuestros equipos favoritos o nuestros mensajes de texto. Estas conductas son perfectamente aceptables en nuestra cultura. «¿Están seguros los niños en casa de sus amigos?». Escríbeles un mensaje (otro más) para averiguarlo. Los teléfonos móviles permiten buscar certeza siempre que nos entra la angustia, dondequiera que estemos. Pero si lo que te hace falta es aplicar una conducta determinada para no sentir ansiedad, esa angustia es una estrategia de seguridad que se emplea para neutralizar las amenazas percibidas.

También se verifican las listas mentalmente. Cuando sales de casa, ¿te has acordado de llevarte todo lo que necesitas? ¿Has cerrado la puerta del garaje? ¿Has revisado todo mentalmente para estar seguro? ¿Compruebas mentalmente tus sensaciones físicas en busca de indicios de que algo va mal?

Muchas de estas conductas funcionan y no siempre son problemas. Pero cuando se utilizan para reducir la ansiedad en relación con una amenaza que estás sobrevalorando o de la que estás subestimando tu capacidad para enfrentarte a ella, la conducta es una estrategia de seguridad. Por ejemplo, si la ansiedad por sentirte atrapado en tu asiento te impide volar en avión, entonces viajar en tren es una estrategia de seguridad. Si no puedes tolerar la posibilidad de que el tren llegue tarde, entones alquilar un coche es una estrategia de seguridad. ¿Y qué pasa con ese reciente ataque terrorista? Nunca sabes dónde van a actuar los terroristas. Quizá en este momento no deberías viajar, sin más, puesto que no puedes estar seguro.

ESTRATEGIAS DE «NO PUEDO COMETER UN ERROR»

Para el perfeccionista, no permitirse cometer un error es una fuente de mucha ansiedad. Escoger universidad, un empleo, pareja o incluso un postre puede ser fatídico si tu elección resulta ser menos que perfecta. Tu estrategia de seguridad podría ser consultar a otro amigo, demorar la decisión o, en caso del postre, observar lo que piden los demás y elegir lo mismo. Si todo lo que hagas en el trabajo tiene que ser perfecto, es posible que las estrategias de seguridad incluyan reescribir informes, repetir una investigación, trabajar horas extra o excusarte por lo que crees que podrá no ser lo bastante bueno.

Cuando no puedes dar un paso en falso, interactuar con los demás es como caminar por un campo de minas. No te acerques a nadie; deja que los demás se acerquen a ti. (Es más seguro cuando sabes que ya están interesados en ti). Piensa antes de hablar y asegúrate de que no te malinterpretan. No hagas preguntas que puedan hacerte parecer estúpido. Mejor no dar tu opinión a no ser que todo el mundo esté de acuerdo con ella. «¿Proponer un brindis? ¡Estás de broma! ¡Si no he tenido tiempo para prepararlo!».

Al igual que la búsqueda de la certidumbre, la búsqueda de la perfección puede incluir una sobreplanificación y la elaboración de listas. Puede significar dedicar demasiado tiempo a vestirse y arreglarse, además de a decorar y a limpiar. Si tienes la pantalla más grande, la cocina más bonita y el último modelo de teléfono inteligente, ¿quién va a criticarte? Mientras todo sea «lo ideal», no tendrás que sentirte «menos que».

Los errores, por supuesto, son inevitables. De modo que tus estrategias de seguridad incluirán también el control de daños. Repasa mentalmente todo lo que has dicho o hecho que pudiera decepcionar u ofender. Justifica tus actos, primero ante ti mismo, y luego ante los demás. Todo tiene una explicación si te paras a pensar. Cuando hayan entendido el apuro en el que te encuentras, nadie podrá culparte.

Las estrategias de seguridad asociadas al perfeccionismo comparten todas el mismo objetivo: neutralizar la amenaza percibida y la ansiedad que la acompaña. Si puedes usar estas estrategias de forma ocasional sin dar sustento a un ciclo de ansiedad, ¡enhorabuena! A todos los demás solo nos reporta un alivio temporal. El ciclo se repite y la búsqueda de perfección continúa.

ESTRATEGIAS DE HIPERRESPONSABILIDAD

Una de las grandes perogrulladas de nuestra cultura es dar por sentado que preocuparse por las necesidades de los demás es lo que nos da la mayor de las felicidades. Pero si se te endosa una responsabilidad que tensiona tus recursos –un pariente con una enfermedad crónica o mental, por ejemplo–, podrás dar testimonio de que cuidar de los demás cuando no puedes cuidar de ti mismo puede ser una triste carga que te deje agotado. Cuando actúas por obligación o miedo a defraudar a otros, los cuidados son una estrategia de seguridad.

Es posible que tu pareja tenga problemas que asimilas y tratas de enfrentar como propios, como una dieta poco sana, la falta de ejercicio o el abuso de sustancias. A no ser que él o ella sea feliz y esté sano, tú tampoco podrás ser feliz ni estar sano.

¿Eres la persona esencial en tu entorno laboral, alguien de quien todos pueden depender? Es posible que todo se desmorone si no eres tú el que saca las castañas del fuego, de forma que acabas haciendo horas extra y sustituyendo a todo aquel que se pone enfermo. ¿Llevas tanto tiempo haciendo más de lo que te toca en justicia que te has vuelto irreemplazable?

O tal vez estás atrapado en una relación en la que, si te defiendes o pones un límite, te da miedo que tu pareja se sienta molesta contigo. Cuando crees que eres responsable de los sentimientos del otro, necesitas hacerle feliz. La necesidad de complacer puede hacer que te impliques en actividades que no disfrutas, que cedas en decisiones como las vacaciones o ciertas compras, o que estés constantemente desplazándote y desarraigándote para que él o ella pueda desarrollar su carrera profesional.

Con esta mentalidad, tú eres el responsable último de todo y de todos. Tus actos están diseñados para tener contento a todo el mundo menos a ti. Cuando el cuidado de los demás se impone como una prioridad frente al autocuidado, suele ser por causa de la ansiedad, y no solo del amor. Cuando dices que sí a algo para no contrariar a los demás, cuando sigues a la masa para no arriesgarte a sentirte excluido, cuando aceptas una tarea que sobrepasa tus capacidades para que no te juzguen como egoísta o falto de espíritu colaborativo, o simplemente para no perder el vínculo, estás aplicando una estrategia de seguridad. Estás intentando neutralizar la emoción negativa que te produciría el riesgo de disgustar a los demás, cosa que es una amenaza primordial para la mente de mono.

Esta «necesidad de complacer» también puede manifestarse en aquellos padres que no saben imponer límites a sus hijos o que tratan de protegerlos de cualquier dolor o dificultad intentando allanarles el camino. A los niños puede parecerles invasivo que se les ofrezcan consejos que no han pedido, que se indague en su información personal y que se les llame constantemente. Y la necesidad de complacer a tus padres puede llevarte al deporte, a la iglesia o a una universidad equivocados, o a no salir de tu ciudad natal. Desde fuera, estas conductas tienen la apariencia de ser demostraciones de lealtad, pero si se trata de ser honestos, son estrategias de seguridad que nos impiden sentirnos desvinculados y fuera del círculo.

Al analizar tu asociación con los demás, una buena pregunta que te puedes hacer es: «¿Estoy cuidando de mí mismo en esta transacción?». Si la respuesta es no, o si no estás seguro, cabe la posibilidad de que estés tratando de complacer a otro. ¿Qué pasaría si cuidaras de ti mismo? Si la respuesta te asusta, has encontrado al mono al que has estado alimentando. Si bien esta estrategia de seguridad te libera temporalmente de la ansiedad, no es sostenible. Te quedan por delante más ansiedad y menos salud y paz personales.

ESTRATEGIAS DE SEGURIDAD HABITUALES

Aquí tienes un listado de algunas estrategias de seguridad habituales. He etiquetado cada una de ellas con un código para identificar la mentalidad de mono a la que se asocian.

IAI = Intolerancia a la incertidumbre
P = Perfeccionismo
HR = Hiperresponsabilidad

Comprobarás que algunas son, de forma muy evidente, cosas que querrías cambiar, mientras que otras parecen perfectamente razonables y normales. Recuerda que lo que convierte una conducta «normal» en una estrategia de seguridad es que: 1) solo alivia la ansiedad de forma temporal y es necesario repetirla, y 2) nos aleja de aquello que valoramos y del lugar al que queremos ir. Leyendo estas estrategias de seguridad, ¿con cuál te identificas? Puedes descargar la lista completa de *Estrategias de seguridad* en: http://www.newharbinger.com/35067.

ESTRATEGIAS DE SEGURIDAD CONDUCTUALES

- Comprobar (que los electrodomésticos están apagados, que la gente está viva, que no has cometido un error, que tu cuerpo está bien, cuál es tu ritmo cardíaco y tu grado de debilidad). **IAI/P/HR**
- Repetir las cosas una y otra vez porque no son perfectas o releerlas o reescribirlas para asegurarte de que sean correctas. **P**

- Dedicar demasiado tiempo a las cosas para que sean correctas. **P**
- Buscar información (en internet, de los médicos). **IAI**
- Lavar/limpiar para que otras personas o tú no enferméis. **IAI/HR**
- Ponerte excusas cuando dices que no a algo. **HR**
- Defenderte y/o justificarte a ti mismo y tus actos. **P/HR**
- Priorizar las necesidades de los demás a las tuyas. **HR**
- Procrastinar. **P**
- Evitar entablar conversaciones. **IAI/P/HR**
- Evitar hablar en público en las reuniones. **P**
- Evitar ser el centro de atención. **P**
- Evitar situaciones en las que te sientes atrapado, como ocupar un determinado asiento en un coche o en un cine, o buscar salidas de emergencia. **IAI**
- Indicarles a los demás sus errores (hijos, cónyuge). **HR**
- Tratar de resolver los problemas de los demás por ellos. **HR**
- Evitar tomarte tiempo para ti mismo (ejercicio, yoga, citas médicas). **HR**
- Pedir segundas opiniones sobre decisiones que has tomado tú. **IAI/P**
- Evitar dar una opinión con la que los demás puedan no estar de acuerdo. **P/HR**

- Repasar acontecimientos, lo que has podido decir o hacer. **IAI/P**
- Elaborar listas mentales. **IAI/P**
- Vigilar las sensaciones físicas, analizando lo que podría ir mal o lo que te hace sentir de cierta forma. **IAI**
- Preocuparte y tratar de averiguar, arreglar y resolver situaciones de tensión. **IAI/P/HR**
- Intentar recordar cosas que podrían ser importantes. **IAI/HR**
- Comprobar mentalmente que te has acordado de hacer algo, como apagar el horno. **IAI/P**

Hay otras dos estrategias de seguridad en las que quiero hacer especial hincapié. La primera es tan ubicua y está tan inserta en nuestra cultura que una lista lo bastante larga para cubrir todas sus variaciones llenaría varios libros. La estrategia recurrente que usamos por defecto para eludir la ansiedad en nuestra vida cotidiana es la (redoble de tambores, por favor)…

DISTRACCIÓN

La distracción no es un problema en sí mismo. Por ejemplo, una afición, como la confección de colchas, la fotografía o tocar la guitarra, puede distraerte de la presión habitual de tu vida diaria. Lo mismo podría decirse también de los mensajes de correo electrónico y de móvil, los nuevos contenidos y las redes sociales, los videojuegos y las películas que compiten día y noche por tu atención.

Una distracción se convierte en una costosa estrategia de seguridad cuando surge como respuesta a una percepción de amenaza. Esta podría llegar en forma de pensamiento, de emoción negativa y/o de situación tensa.

A María le preocupaba que su dolor de cabeza pudiera ser un aneurisma y este pensamiento le causaba una gran angustia. Cuando no estaba observando esa sensación o googleándola, trataba de distraerse. Normalmente, leer un libro o ver la televisión funcionaba, por un tiempo. Pero a no ser que se le quitara el dolor de cabeza, el pensamiento de que podría ser un aneurisma regresaba con la fuerza de siempre. Intentar no pensar mediante una distracción no hacía sino confirmar la amenaza de que el pensamiento era peligroso. En definitiva, su distracción estaba alimentando a su mono.

Al enfrentarse a la decisión o al proyecto que le provocaba ansiedad por cuál sería su rendimiento, Eric posponía lo que tenía que hacer. Distraerse contestando mensajes de correo electrónico, llamadas entrantes y peticiones de los empleados era un intento por eludir la ansiedad que sentía si tomaba realmente una decisión o acometía un proyecto. El mensaje que le enviaba a su mente de mono con estas distracciones era que la amenaza era real e imposible de soportar.

Cuando Samantha pensaba en su hijo, no solo sentía ansiedad, sino una profunda tristeza. Ella creía que estas emociones le resultaban menos angustiosas si se mantenía ocupada, así que muchas veces se llevaba trabajo a casa o limpiaba y ordenaba en exceso la casa y el patio. En el mejor de los casos, estas distracciones funcionaban solo mientras las estaba llevando a cabo. Los sentimientos dolorosos volvían con toda su fuerza en cuanto las dejaba. La distracción de Samantha enviaba a su mente de mono el claro mensaje de que los sentimientos en sí mismos eran peligrosos, algo que ella no era capaz de gestionar.

Incluso algunas actividades nimias y aparentemente inocuas, como hacerme la manicura y otras tareas domésticas, cuando las utilizo para distraerme de la ansiedad que me espera frente al portátil, se convierten en estrategias de seguridad. Confirman la amenaza de que sentarme a escribir es peligroso. Cuando usamos la distracción para eludir una amenaza percibida, tanto si esa amenaza la detona un pensamiento, una sensación o una situación delicada, pagamos un alto precio. No solo nos garantiza la ansiedad en el futuro, sino que nos impide sacar adelante nuestros deseos más profundos.

Aquí tienes una breve lista de distracciones habituales que se utilizan como estrategias de seguridad. ¿Cuáles de ellas usas tú para alimentar a tu mono?

- **Medios como la televisión, los videojuegos, las búsquedas en internet, el correo electrónico.**

- Mantenerse ocupado con tareas domésticas o en el trabajo.
- Interactuar con los demás en persona, por mensaje de texto o en las redes sociales.
- Mantenerse ocupado con aficiones.

La segunda estrategia especial de seguridad que quiero resaltar es, al igual que la preocupación o la distracción, algo que normalmente no considerarías una estrategia para mantenerte a salvo.

INTENTAR RELAJARSE

Cuando la amenaza percibida es la propia ansiedad, la estrategia de seguridad preferida es intentar relajarse. Por muy insensata que suene la insinuación de que inducir la relajación podría alimentar la ansiedad en lugar de reducirla, por desgracia eso es lo que pasa a menudo.

Como ya dije en el capítulo 1, la mente de mono observa todo lo que sucede en tu cabeza y en tu cuerpo, no solo lo que absorbes a través de los sentidos desde el exterior, sino también lo que estás pensando y sintiendo por dentro. Cuando tienes pensamientos ansiosos y estás sintiendo emociones negativas durante un periodo de tiempo largo, o con una intensidad elevada, como en un ataque de pánico, tu mente de mono también lo nota y lo percibe erróneamente como una amenaza. Es posible que interpretes esta ansiedad ante tu ansiedad como una pérdida de control, como volverse loco, como la muerte misma. ¿Cómo reaccionas? «Necesito relajarme para quitarme de encima esta sensación amenazante».

En la introducción, he hablado de mi propia experiencia con los ataques de pánico, concretamente de que los ejercicios de relajación que me recomendó mi terapeuta no lograron reducir los ataques. No caímos en la cuenta de que intentar no tener sensaciones propias de la ansiedad –incluso las extremadamente incómodas, como las palpitaciones, el mareo, la presión en el pecho, los hormigueos o la insensibilidad, las náuseas, el rubor, los sudores o los temblores que sientes durante un ataque de pánico– no hace otra cosa que confirmar la percepción de que son peligrosos.

No tengo nada en contra de la relajación. La relajación es esencial para nuestra salud en general, tanto mental como física. Pero si estás intentando relajarte porque te da miedo la propia ansiedad y consideras las sensaciones de ansiedad como una amenaza, eso es una estrategia de seguridad. Es un problema, porque lo que haces es alimentar tu mente de mono. Si refuerzas aquello que estás intentando reducir, estás atrapado y no vas a poder ver más allá, solo más de lo mismo.

El modo en que intentamos relajarnos varía de unos a otros. Puedes darte un baño caliente, salir a dar un paseo, servirte una copa de vino, ver una película, hablar con un amigo, leer un libro o incluso meditar. Tu conducta en sí misma no es tan importante como el motivo y el mensaje que le envías a tu mono. Si tu relajación es un intento de reducir o evitar los pensamientos y sentimientos que te causa la ansiedad, ese mensaje es: «Tienes razón, monito, sentir ansiedad es peligroso. Gracias por avisarme de que tengo que relajarme». Cuanto más intentas relajarte, más imposible te resulta.

Aquí tienes unas cuantas actividades que se suelen utilizar con el fin de relajarse. Puede que en sí mismas sean inocuas, pero cuando se emplean para mantener a raya una emoción negativa y las sensaciones físicas incómodas, son estrategias de seguridad. ¿Cuáles encajan en tu caso?

- Usar las distracciones como un intento de relajarse.
- Usar sustancias, como el alcohol, los medicamentos con receta o los medicamentos sin receta.
- Estar con alguien a quien consideres seguro.
- Técnicas de relajación.
- Meditación.
- Ejercicio.

A lo largo de la próxima semana empieza una lista con las estrategias de seguridad que utilices durante el día. Cuanto más analices tus propios pensamientos y conductas, más rastros del monito —y de tu tendencia a alimentarlo— es probable que encuentres. A medida que la lista aumente, cosa que hará de forma inevitable, seguramente te surgirá una pregunta. ¿Hasta qué punto estás dispuesto a cederle al mono el control de tu vida para permanecer temporalmente a salvo de las emociones negativas?

El precio que estás pagando es enorme. Si no recuperas la responsabilidad para determinar cuáles son los riesgos razonables que puedes correr en cada situación, tu mono seguirá determinándolo por ti. Tu vida continuará desapareciendo en un agujero negro de estrategias de seguridad. Aquí tienes un ejemplo.

Con la llegada del SARS y el ébola, a muchos nos daba miedo contraer un virus por haber tocado algo. Cada vez que nos lavábamos las manos con jabón antibacteriano confirmábamos la amenaza, diciéndole a la mente de mono: «¡Tienes razón, tocar cosas es peligroso!». Gracias a nuestra mentalidad «necesito estar seguro» y a nuestra estrategia de seguridad, las ventas y los beneficios de los jabones antibacterianos se dispararon.

Lo cierto es que se trataba de enfermedades que se transmitían por vía aérea y la amenaza se percibió erróneamente. Todos aquellos lavados eran innecesarios y, cuando se calmaron las aguas, la mayoría recuperamos el hábito de lavarnos las manos como lo hacíamos antes, con el jabón normal de toda la vida. Pero algunos tenemos un ciclo en marcha. Si no tenemos acceso a jabón antibacteriano, nos entra la ansiedad. O, si no, tomamos precauciones antes de tocar algo. Después de lavarte, ¿cómo cierras el grifo sin volver a contaminarte las manos con la llave del agua? ¿Con el codo? ¿Y qué pasa con la puerta del servicio público? ¿Quieres tocarlo ahora? Mejor usa una servilleta de papel.

No hay límites en cuanto hasta dónde te puede obligar a desviarte de tu camino un ciclo de ansiedad. He tenido pacientes con TOC que se lavaban las manos con lejía. Ese era un problema sin discusión posible. ¿Cómo vas a decidir qué estrategias de seguridad funcionan a tu favor y cuáles funcionan en tu contra? ¿Estás dispuesto a averiguarlo?

No te puedes ni imaginar lo mucho que disfruto detectando estrategias de seguridad. Observar cómo alimentamos al mono, ya sea a través de la mirada de mis pacientes, cuando comparto su proceso de descubrimiento, o con mis propios ojos, cuando veo las estrategias de seguridad en mi propia vida; es una percepción de la que nunca me canso. Para mí no hay nada más emocionante que alumbrar a ese bichito al que hemos estado alimentando y darme cuenta exactamente de qué es lo que estamos haciendo para dar sustento a la ansiedad. Cuando ya sabemos cómo contribuimos a nuestro dolor, ¡entonces tenemos el poder de cambiar!

Tu mentalidad actual y tu conducta actual te mantienen seguro. Pero hay una vida más amplia haciéndote señas para que acudas. Quieres más y te mereces más que no sea «más de lo mismo». En el siguiente capítulo descubriremos qué pasa cuando dejamos de alimentar al mono con conductas de seguridad. No solo paramos el ciclo de la ansiedad. ¡Empezamos algo nuevo!

Puedes descargarte una lista completa de *Estrategias de seguridad* en: http://www.newharbinger.com/35067.

LECCIÓN DEL CAPÍTULO CUATRO

Alimentamos constantemente al mono a lo largo del día poniendo en marcha estrategias de seguridad, acciones que nos mantienen a salvo temporalmente de las amenazas percibidas y las alertas de ansiedad de la mente de mono.

CINCO

LA TIERRA ES REDONDA

A lo largo de la mayor parte de la historia de la humanidad, la mayoría de la gente ha creído que la Tierra era plana y que cuando llegabas al borde, te caías al espacio. Por supuesto, nadie había estado en el borde. Esta percepción de amenaza pertenecía a la mente de mono colectiva, que actuaba bajo el principio de: «Lo que no sabes podría matarte».

La mentalidad que prevalecía entre los capitanes de barco era: «Si hay un borde, debo asegurarme de no navegar hacia él». Su estrategia preferida era no alejarse de la costa. Cuando los europeos se propusieron llegar a Oriente, navegaron hacia el este, siguiendo la línea de costa africana, y viceversa. Cada vez que un barco retornaba de un viaje aferrándose a la costa, esta percepción de amenaza se confirmaba. La lógica de mono colectiva concluyó que: «Como nos hemos quedado cerca de la costa, hemos regresado sanos y salvos».

Todos tenemos justo ante nosotros un océano entero de posibilidades y descubrimientos: el resto de nuestra vida. Si las concesiones que has hecho al mono te han mantenido cerca de la línea de costa, tu elección está clara.

Sigue manteniendo el ciclo y tus opciones seguirán siendo limitadas. Rompe el ciclo y expande tu mundo. En ese mundo de expansión infinita, todo el posible. En los mundos del Dr. Seuss, «¡Oh, los lugares a los que irás!».

ROMPER EL CICLO

Para romper el ciclo de la ansiedad, el primer paso es darle la vuelta a la mentalidad de mono que tienes en la cabeza. Las presuposiciones como «Tengo que estar seguro», «Tengo que ser perfecto» y «Soy responsable de todo y de todos» deben cambiar a «Estoy dispuesto a no estar seguro», «Puedo cometer errores» y «Soy responsable de mí mismo».

Es más fácil decirlo que hacerlo. Al igual que todos, yo he intentado cambiar mi forma de pensar y sé lo difícil que es lograr afianzarla. Tal vez sea fácil decidir que debes adoptar una forma nueva de pensar estando en el santuario que representa el despacho del terapeuta, meditando en la cima de una montaña o mientras lees un libro de autoayuda. Otra cosa es mantener esa nueva forma de pensar. La primera vez que surge algo que desencadena una percepción de amenaza, nos azota la ansiedad y nuestra determinación salta por los aires.

Te has pasado la vida entera alimentando y reforzado tu actual mentalidad. Cualquier otra mentalidad nueva que adoptes –sin un nuevo ciclo expansivo que le dé sustento– durará lo mismo que un propósito de Año Nuevo.

Lo que he descubierto gracias a mi experiencia tanto en el ámbito profesional como en el personal es que, antes de que tu nueva mentalidad se vuelva una mentalidad por defecto, necesita nutrirse de nuevas experiencias. El aprendizaje a través de la experiencia puede abrir nuevos caminos en el cerebro, que con una nueva experiencia añadida pueden ampliarse hasta convertirse en superautopistas. Nada sustituye al acto mismo de «hacerlo». Puedes soñar con participar en una maratón, pero no empezarás a creerte eso de verdad hasta que hayas corrido unos cuantos kilómetros con tus Nike.

Por lo tanto, ¿cómo adquirimos nuevas experiencias para apuntalar nuestra nueva mentalidad expansiva? ¡Dejamos de alimentar al mono! Cuando sustituimos las estrategias que nos mantienen a salvo por otras que nos ayudan a expandirnos, alteramos el ciclo de la ansiedad y hacemos que sucedan cosas nuevas. Las estrategias que nos ayudan a expandirnos –estrategias expansivas– no están orientadas a reducir la ansiedad, sino más bien a anularla: a superar la mejor carta de la mente de mono.

Una estrategia expansiva es el ingrediente activo de la receta para romper el círculo de la ansiedad. Te capacita para vivir nuevas experiencias que contrarresten las percepciones de la mente de mono y solidifiquen una nueva mentalidad. Y, de regalo, las estrategias que construyen o refuerzan un ciclo de expansión te enseñarán a anular la ansiedad, cosa que, en definitiva, acabará por hacerte sentir menos ansiedad.

Resulta fácil idear estrategias expansivas, porque suelen ser el reflejo opuesto de las estrategias de seguridad. Por ejemplo, una estrategia de seguridad popular entre los tímidos en las reuniones sociales es colocarse en un sitio y esperar a que sean los demás los que entablen conversación con ellos. Esta estrategia te garantiza que, hables con quien hables, está interesado en ti y, en consecuencia, no es probable que te rechace. Cada vez que otra persona toma la iniciativa y tú no te ves rechazado, tu mono recibe alimento y tu ciclo se mantiene.

Para romper el ciclo, tu nueva estrategia de seguridad expansiva en una reunión social podría consistir, sencillamente, en acercarte a alguien y decir: «Hola». Podrías seguir preguntándole a esa persona algo sobre sí misma o contando algo sobre ti. ¿Es necesario ser ingenioso y divertido, el alma de la fiesta? ¡No! Eso sería dar en el blanco. Con situarte en algún lugar de ahí fuera, estarás en el lugar al que perteneces, en la diana.

Has de ser consciente de que si pones en práctica una nueva estrategia con una mentalidad antigua –«Tengo que sonar confiado, no dar muestras de ansiedad», es decir, ser perfecto–, no harás ningún progreso. Debes generar una mentalidad expansiva que acompañe tu estrategia expansiva. Algo parecido a: «A veces puedo ser aburrido o sonar estúpido. No tengo por qué dar en el blanco, solo tengo que estar en la diana».

¿De verdad te lo vas a creer? En ese momento, no. Has estado pensando con la mentalidad de mono perfeccionista durante la mayor parte de tu vida, si no toda. No obstante, sí que puedes adoptar una mentalidad que al menos parezca más auténtica, aunque todavía no te fíes de ella. El jardinero fiel que riega y arranca las malas hierbas ve que la semilla brota y crece hasta convertirse en una planta exuberante. Igual que tú, al repetir la estrategia de seguridad, acabarás por creerte la mentalidad que has estado cultivando.

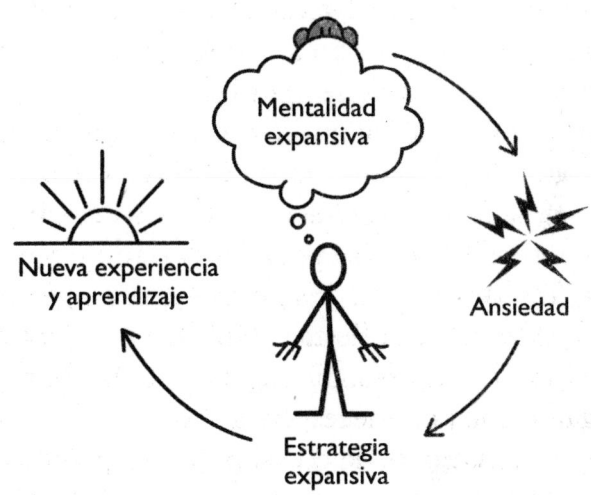

Lo bonito que tienen las mentalidades y las estrategias expansivas es que dan sustento a los ciclos de expansión. El hecho de no tener que dar en el blanco cada vez amplía la diana en su totalidad. Los destinos a los que podrás ir son ilimitados. ¡Hay un gran mundo ahí fuera!

Por supuesto, pensar en un mundo más grande se va a traducir en una mayor ansiedad. Si sientes ansiedad ahora mismo, ¡bien! Eso significa que lo estás captando. Sí, sentirás más ansiedad cuando abandones una estrategia de seguridad y la sustituyas por una estrategia expansiva. Pero, a corto plazo, sentir más ansiedad es exactamente lo que necesitas. Estás confrontando tu mente de mono diciendo: «Elijo sentir más ansiedad. Estoy dispuesto a ser imperfecto». Estás desacreditando la percepción de amenaza, algo que tu mente de mono sin duda advierte, porque significa que ¡el mono no se lleva el plátano!

Cuando lo hagas una y otra vez, tus alarmas de ansiedad disminuirán y estarás más cómodo siendo tú mismo en el entorno social. También aprenderás a lidiar con los rechazos ocasionales, que te hacen mucho más resiliente.

Aunque es posible que todo esto te suene a desafío, puedo asegurarte que hasta mis pacientes menos dados a la ansiedad han cambiado de estrategia. Tú también puedes. En el próximo capítulo abordaré más detalladamente la cuestión de cómo manejar la ansiedad durante esta transición. Ahora mismo, quiero mostrarte cómo son y cómo funcionan algunas mentalidades y estrategias expansivas habituales.

La regla de oro es que las mentalidades y estrategias expansivas son, en su mayoría, lo contrario a lo que has estado pensando y haciendo. Has estado apostando sobre seguro; ahora vas a buscarte problemas. Deja que te lo demuestre empezando por María.

MÁS ALLÁ DE LA CERTIDUMBRE

La estrategia de seguridad más evidente de María era buscar sensaciones físicas en internet para ver si eran indicios de alguna enfermedad grave. Después de hablarlo, se decidió por una nueva estrategia de expansión. Estaría una semana sin googlear síntomas.

Otra estrategia de seguridad que ponía en práctica María de forma habitual era pedirle a su marido una segunda opinión. Él no era médico, pero su juicioso parecer causaba en sus miedos un efecto calmante temporal. La estrategia expansiva que eligió fue dejar de informarle de cualquier sensación física que estuviera teniendo.

María se planteó la posibilidad de abandonar algunas de sus otras estrategias de seguridad, como llamar a su médico para pedirle que le hiciera pruebas, pero decidió que aún no estaba preparada para enfrentarse a ello. Eso está bien. Es sensato empezar por lo simple, sabiendo que con el tiempo podrás afrontar los desafíos más difíciles. Mis pacientes se sienten menos sobrepasados cuando son ellos mismos quienes establecen unas expectativas claras y realistas.

Las estrategias que María eligió no dejaban de ser ambiciosas. Tuve la precaución de repasar con ella la mentalidad expansiva que pensaba usar en el momento en que notara alguna señal de, por ejemplo, dolor de cabeza: «Estoy eligiendo vivir con incertidumbre».

Recuerda que la mentalidad y la estrategia van de la mano. Tu mentalidad habilita tu estrategia y viceversa. Si cualquiera de las dos tiene un sesgo hacia la seguridad, no alterarás tu ciclo de ansiedad. Si María afrontaba su semana de prueba sometiéndose a la mentalidad de mono («Tengo que estar segura»), el entrenamiento fracasaría.

Si bien el problema de ansiedad de María era agudo, el desafío al que se enfrentaba era bastante común. Todo aquel que tiene una intolerancia a la mentalidad de la incertidumbre, cuando se encuentra con lo desconocido, da por hecho que hay un peligro. No podemos relajarnos hasta que se demuestre que la situación es segura.

Con la invención de los teléfonos móviles, muchos hemos desarrollado lo que yo considero una compulsión de comprobación. Les decimos a nuestros seres queridos «Llama cuando llegues» y, si no nos llaman cuando esperamos que lo hagan, nos ponemos nerviosos y llamamos nosotros. Aunque este gesto nos haga sentir menos ansiedad a corto plazo, estamos alimentando al mono y dando sustento a la intolerancia a la incertidumbre.

Si tu familia se va a ir a dar un paseo en ala delta, naturalmente es razonable comprobar si están bien; pero si reparas en que tus mensajes de texto y tus llamadas se han hecho más frecuentes y que sin ellas te pones muy nervioso, puede servirte una estrategia expansiva como limitar la cantidad de ocasiones en las que compruebas si están bien.

Tanto si, al igual que María, estás comprobando en exceso tu propio estado de seguridad, como si compruebas con frecuencia el estado de seguridad de los demás, no tienes más que revertir la mentalidad de mono. «Tolera la incertidumbre y da por sentada la seguridad, a no ser que haya una señal clara de peligro». Al final, después de mucho practicar, eso te permitirá sentirte más cómodo, incluso cuando no estés seguro de lo que va a pasar.

¿Procuras controlar los resultados preparándote demasiado y actuando de forma excesivamente precavida? Eso es porque esa actitud alimenta al mono. Pon en práctica la estrategia que tienes en mente y planifica ser flexible, tomar las mínimas precauciones. Por ejemplo, la próxima vez que salgas de viaje, tanto si vas a hacer un pícnic al parque como si te vas de vacaciones a otro país, planifica menos y haz una maleta más pequeña. Elige enfrentarte a cualquier adversidad que pueda surgir como una oportunidad para practicar la resiliencia y la resolución creativa de problemas. Tu nueva mentalidad expansiva sonará más o menos así: «Elijo no planificar todos los detalles. Elijo no saber todo lo que va a pasar. Elijo la incertidumbre y la espontaneidad».

Aquí tienes varios ejemplos de la mentalidad «Tengo que estar seguro» y algunas creencias expansivas alternativas con las que contrarrestarla.

Mentalidad de mono: Lo que no sé podría matarme. Tengo que predecir y planificar, para evitar lo que puede salir mal.

Mentalidad expansiva: Es más importante vivir la vida plenamente en el momento presente que dedicarme a predecir lo que podría salir mal en el futuro.

Mentalidad de mono: Tengo que estar seguro de que mis seres queridos y yo estamos a salvo.

Mentalidad expansiva: Daré por sentada la seguridad a no ser que haya señales claras de peligro.

Mentalidad de mono: Si las cosas no salen según lo previsto, mi día es una ruina.

Mentalidad expansiva: Es más importante practicar la flexibilidad y aprender a asimilar las cosas cuando no todo sale según lo previsto.

Mentalidad de mono: Si no tengo mucho cuidado, podrían pasar cosas malas.

Mentalidad expansiva: Puedo tomar precauciones razonables, sabiendo que puedo influir en los resultados, pero no controlarlos.

Para ayudarte a cambiar de mentalidad y convertirla en algo más expansivo, descárgate el gráfico *Mentalidad de intolerancia a la incertidumbre* en: http://www.newharbinger.com/35067.

MÁS ALLÁ DE LA PERFECCIÓN

La estrategia de seguridad más habitual de Eric en el trabajo era posponer la conclusión de cualquier proyecto y la toma de cualquier decisión hasta estar seguro de no quedar expuesto a recibir ninguna crítica. Con su mentalidad de «No puedo cometer ningún error», cualquier cosa que no alcanzara la aprobación universal era un completo fracaso. Pero aun sin estar seguro de cómo hacerlo, Eric decidió, a modo de experimento durante una semana, establecer unos límites firmes de tiempo con respecto a una de las decisiones en las que estaba trabajando. Escogió una decisión que, aun siendo estresante, tuviera menos consecuencias negativas que las demás en caso de equivocarse. Se prometió a sí mismo que, cuando llegara el momento, tomaría la decisión tanto si se sentía preparado como si no.

Eric también quería hacer algo con respecto a su perfeccionismo social. Se sentía cohibido por su peso y su timidez, y evitaba situaciones que pudieran exponerlo al juicio de los demás. Estaba en un ciclo que lo mantenía aislado y solo. Eric se decidió por una nueva estrategia: aceptar cualquier invitación u ocasión para pasar tiempo con los demás. Sus compañeros de trabajo solían ir a comer juntos los jueves, algo que él siempre había evitado, así que añadió esa cita a su calendario.

Los dos sabíamos que, a no ser que estuviera dispuesto a asumir el riesgo de cometer errores –y a que lo consideraran un fraude–, Eric no cumpliría sus plazos de trabajo autoimpuestos ni sus compromisos sociales. Para los que sufrimos el lastre del perfeccionismo en la mentalidad de mono, el miedo al fracaso es la motivación de buena parte de lo que hacemos. No consideramos la falibilidad como una parte normal de la condición humana, sino como un defecto personal. Si hacemos algo de forma mediocre, eso nos define completamente como inútiles, «inferiores a» todos los demás. Eric necesitaba una nueva mentalidad expansiva para apuntalar sus nuevas estrategias.

¿Cómo sería adoptar una mentalidad expansiva para un perfeccionista? Podría decirse: «Cometer errores y permitir los juicios y las críticas de los demás son riesgos razonables que se pueden asumir y oportunidades para crecer».

O, como Eric expresó de forma sucinta al salir de la oficina: «Estoy dispuesto a meter la pata».

Aquí tienes varios ejemplos de la mentalidad «No puedo cometer ningún error», asociados a las formas de pensar expansivas que podrían reemplazarla.

Mentalidad de mono: Los errores, los juicios y las críticas son señales de que no soy lo bastante bueno, de que soy inferior o de que he fracasado.

Mentalidad expansiva: Los errores, los juicios y las críticas son indicios de que me he arriesgado y oportunidades para crecer.

Mentalidad de mono: Solo me siento bien conmigo mismo si he hecho algo bien (autoaceptación condicional).

Mentalidad expansiva: Sé que haré algunas cosas bien y otras cosas mal, y ninguna de las dos refleja mi valía como persona (autoaceptación incondicional).

Mentalidad de mono: Me mueve el miedo al fracaso.

Mentalidad expansiva: Me mueve la excelencia, la creatividad y tener un objetivo.

Mentalidad de mono: Ser imperfecto y falible es un signo de inferioridad.

Mentalidad expansiva: Ser imperfecto y falible forma parte de la condición humana.

Mentalidad de mono: Si los demás son mejores que yo en algo, significa que no soy lo bastante bueno.

Mentalidad expansiva: Es más importante hacer las cosas lo mejor que sé que comparar mis logros con los de los demás.

Para ayudarte a transformar tu mentalidad perfeccionista en una forma de pensar más expansiva, utiliza el gráfico *Mentalidad perfeccionista* que tienes a disposición en: http://www.newharbinger.com/35067.

MÁS ALLÁ
DE LA HIPERRESPONSABILIDAD

La principal estrategia de seguridad de Samantha era llamar para comprobar si su hijo alcohólico estaba bien. Su nueva estrategia expansiva era sencilla: «No llamar para comprobarlo».

Para llevar a cabo su plan, Samantha iba a tener que cambiar su mentalidad por defecto. Siempre había actuado dando por hecho que: «Si le pasa algo malo y yo no hago nada por evitarlo, será culpa mía». Su nueva forma de pensar tendría que ser: «No puedo evitar que mi hijo se haga daño».

Como es lógico, a Samantha le resultaba muy difícil plantearse algo así. Como madre, el riesgo que asumía era abrumador. Si no comprobaba si su hijo estaba bien y le sucedía algo, sentiría un dolor y una culpa enormes. Pero la mentalidad actual de Samantha y las estrategias de seguridad afectaban su salud mental y física. Sabía que tenía que cambiar.

Juntas ideamos una estrategia expansiva que podía poner a prueba: comprobar si su hijo estaba bien no más de una vez al día. Puede no parecer muy significativo, pero para Samantha era todo un reto. Ella tenía la costumbre de llamarle o enviarle un mensaje de texto tres o cuatro veces al día.

Aunque lograra cumplirla, era probable que tuviera que afrontar otros desafíos. ¿Y si su hijo la llamaba, como solía hacer, para pedirle otro «préstamo» para ir tirando? Samantha decidió que debía ofrecerse a pagarle un tratamiento contra el abuso de sustancias, pero que no le daría el dinero que necesitara a causa de su dependencia. Por muy frío y cruel que sonara, ella sabía que, a la larga, su mentalidad y su estrategia hiperresponsable no ayudaba a nadie. Pero si ella le negaba el dinero, sabía que él se molestaría, cosa que a ella le supondría un reto. La mentalidad de mono de Samantha la hacía responsable siempre que alguien se disgustaba con ella.

Después de muchas deliberaciones, Samantha decidió comprometerse con las dos estrategias expansivas. Apuntalarían una mentalidad expansiva que visualizaba para sí misma, una que decía: «Soy responsable de mis propios actos y no de los actos de los demás» y «Si alguien se disgusta conmigo, eso no significa que haya hecho nada malo. No soy responsable de las emociones de los demás».

A los que tienen una mentalidad hiperresponsable, las estrategias expansivas les pueden sonar egoístas, sobre todo en una cultura que otorga un gran valor a la lealtad y a la familia. Pero ser responsable de tu propia salud y bienestar no es ser egoísta. De hecho, es tu obligación primordial. En una emergencia aérea, si te pones primero tu propia máscara de oxígeno, antes de ponérsela a tu hijo, es por una buena razón. Si tus fuerzas están mermadas, serás incapaz de ayudar a tus seres queridos, incluso cuando ellos necesitan y merecen verdaderamente tu ayuda.

Otras trampas hacia las que nos arrastra nuestra mentalidad hiperresponsable son indicarles a los demás sus malas decisiones, dar un paso al frente cuando hay una tarea que nadie está dispuesto a hacer y no imponer límites a aquellos que no nos demuestran respeto o que se aprovechan de nosotros. Si bien es posible que estas estrategias te hagan sentir mejor a corto plazo, no podrás crecer si sigues empleándolas.

Poner en práctica estrategias que anteponen la responsabilidad hacia ti mismo reforzará una mentalidad más saludable y sostenible, una mentalidad que te ayudará a cultivar la salud y la paz mental, independientemente de cómo les vaya a los demás. Cuando dejes de intentar controlar a los demás y les ofrezcas, en cambio, compasión, notarán la diferencia. Con el tiempo será más probable que acepten el apoyo que les puedes prestar.

Aquí tienes unos cuantos ejemplos de alternativas expansivas a algunas creencias hiperresponsables que son habituales para la mentalidad de mono.

Mentalidad de mono: Creo que si alguien que me importa no está tomando una buena decisión es mi responsabilidad hacer algo al respecto. Si no lo hago, soy en parte responsable de las consecuencias.

Mentalidad expansiva: Creo que la gente es responsable de su propia vida y de las decisiones que toma. Yo no tengo la culpa de las consecuencias de sus actos.

Mentalidad de mono: Si le impongo un límite a alguien o declaro una preferencia, me siento responsable de los sentimientos de los demás.

Mentalidad expansiva: Cuando establezco un límite o expreso una preferencia, puedo ser sensible a los sentimientos de los demás sin asumir la responsabilidad por ellos.

Mentalidad de mono: Si los demás no cumplen con su parte del trabajo, es mi responsabilidad cubrirlo.

Mentalidad expansiva: Si los demás no cumplen con su parte del trabajo, no es mi responsabilidad dar un paso al frente. Estoy dispuesto a permitir las consecuencias de los actos o de la inacción de los demás.

Mentalidad de mono: Tiendo a anteponer las necesidades de los demás a las mías.

Mentalidad expansiva: Creo que cuidar de mí mismo es tan importante o más que cuidar de los demás.

Mentalidad de mono: Cuando los demás sufren, me afecta y trato de arreglar su problema y/o de indicarles lo que están haciendo mal.

Mentalidad expansiva: Cuando los demás sufren, sé escucharles con compasión, pero no es mi tarea arreglar ni solucionar su problema.

Para medir hasta qué punto tu mentalidad actual es hiperresponsable y saber cómo convertirla en una mentalidad expansiva, completa el gráfico *Mentalidad hiperresponsable*, disponible en: http://www.newharbinger.com/35067.

UN MUNDO MÁS GRANDE

El primer argumento a favor de elegir estrategias expansivas frente a las estrategias de seguridad es que rompen con el ciclo de la ansiedad. Cuando dejas de alimentar al mono, le estás demostrando que puedes manejar la situación, y en el futuro no habrá motivo de alarma. Con el tiempo, el mono aprenderá a percibir que esa situación en particular no es amenazante.

El segundo argumento para usar estrategias expansivas es igual de importante, si no más. Las estrategias expansivas generan una nueva experiencia, una experiencia que en realidad transformará tu mentalidad. Cuanto más expansiva sea tu mentalidad, mejor podrás gestionar no solo esa sino todas las situaciones. Serás capaz de abordar a personas, lugares y cosas nuevas con más confianza. Tus opciones se amplían. Tu mundo se hace más grande.

Imagínate cómo sería tu vida si creyeras realmente que puedes gestionar las cosas, tanto si salen según lo planeado como si no, si no tuvieras que ser absolutamente perfecto en todos tus actos y si no tuvieras que resolver los problemas de todo el mundo.

Si has seguido conmigo hasta aquí, ¡genial! Entiendes cómo tu conducta ha estado reforzando una mentalidad que no solo no te sirve para nada, sino que de hecho está dando sustento a tu ansiedad. Con esta nueva perspectiva tienes la capacidad para alterar un sistema que tu mono se ha pasado años afinando, pero que no te lleva a ninguna parte. En su lugar puedes descubrir un mundo más grande en el que el límite es el cielo.

Mientras lees esto, ¿oyes una cháchara y unos aullidos de fondo? El mono no está por la labor de tirar la toalla en su misión de estar seguro al cien por cien. En el próximo capítulo, veremos cuál es la poderosa herramienta que utiliza el mono para llevar a cabo esa misión, y los medios, igualmente poderosos, con los que cuentas para contrarrestarla.

LECCIÓN DEL CAPÍTULO CINCO

Para poder apuntalar una mentalidad que nos permita prosperar, debemos crear una nueva experiencia y un nuevo aprendizaje reemplazando las estrategias de seguridad por estrategias expansivas.

SEIS

SENSACIONES NECESARIAS

Una mañana, pocos días después de empezar sus vacaciones antes del cuarto curso de secundaria, una chica a la que conocía llamada Julie se despertó dolorida. A Julie le dolían las articulaciones y las extremidades y, pensando que tenía gripe, metió la cabeza debajo del cobertor y se quedó en la cama. Cuando vio que el dolor persistía al cabo de dos días, empezó a preocuparse. Estaba empezando la temporada de *softball* y, aunque Julie era la mejor paradora en corto del equipo, no tenía ánimo para jugar. Estaba tendida en la cama, confusa y deprimida mientras los misteriosos dolores y molestias fluctuaban por sus extremidades.

Por fin Julie concertó una cita con el médico y, mientras se vestía, notó como si sus vaqueros hubieran encogido un poco. Una hora más tarde, tenía el diagnóstico. Dolores del crecimiento. Aun siendo un poco extremo, su caso era normal. No podía hacer nada más que aguantarse. Salvo para dormir por las noches, Julie no volvió a meterse en la cama ese verano. Aunque la incomodidad persistía, jugó al *softball*, se fue de acampada, salió con sus amigos e hizo todo lo que habría hecho durante un verano normal, sin quejarse. Julie volvió a la escuela en otoño con un vestuario completamente nuevo. Fue necesario, al ver que durante el verano había crecido ¡diez centímetros!

Lo que me parece especialmente interesante de esta historia es que la actitud de Julia hacia el dolor cambió en cuanto entendió lo que era. Su reacción inicial hacia el misterioso dolor fue quedarse en cama y evitar las actividades veraniegas. Cuando conoció el contexto de ese dolor –que era un indicador del crecimiento–, respondió de otra manera. Su superación del dolor se disparó tan pronto como comprendió que era necesario.

Verás que la práctica de expansión también causa dolores de crecimiento. Estas sensaciones negativas adoptan dos formas distintas: 1) alteraciones incómodas de lucha o huida, como el pulso acelerado, sudor en las palmas de las manos o nervios en el estómago, y 2) emociones dolorosas, como ansiedad, frustración y tristeza. Estas dos clases de sensaciones son la mente de mono haciendo un llamamiento a la acción. Si dejas de reaccionar a esa llamada, te provocará el mismo malestar, que será tan difícil de obviar como una alarma de incendios.

Para que puedas crecer será necesario anular la llamada a la acción de la mente de mono, reemplazar tus estrategias de seguridad por estrategias que, a corto plazo, susciten más sensaciones negativas. Las sensaciones negativas, las mismas sensaciones que consideramos incómodas y difíciles de afrontar, son aquellas que tenemos que procesar para poder crecer. Por eso me gusta pensar que las sensaciones negativas son sensaciones necesarias. Si quieres expandir tu vida más allá del ciclo de seguridad de mono, es necesario que las experimentes, en lugar de intentar distraerte de ellas o reprimirlas.

Cuando elegimos aceptar las sensaciones negativas como necesarias, como una mera parte de nuestro proceso de crecimiento, suceden tres cosas increíbles:

- Aprendemos que podemos gestionar esas sensaciones.
- Contradecimos la percepción de amenaza de mono, enseñándole que podemos manejar la situación.
- Nos liberamos para avanzar con un objetivo, sin permitir que la ansiedad dicte nuestros actos.

Este es el reto que te propongo: da una nueva respuesta a estas sensaciones y emociones necesarias. En lugar de tratarlas como una alarma de que algo va mal o una llamada a la acción, acéptalas como algo que hay que tolerar, una rabieta de mono. Esta respuesta te hará generar resiliencia, dando pie a una nueva experiencia y a un aprendizaje que alimentará tu mentalidad expansiva y te permitirá perseguir tus deseos más profundos.

QUE SIGA SU CURSO NATURAL

Para muchos de nosotros, la idea de tener sensaciones y emociones negativas de forma voluntaria es tan contraria a nuestra experiencia y a nuestra forma de pensar que suena ilógica. Sería razonable preguntar: «Si me doy permiso para sentir estas cosas, ¿desaparecerán alguna vez?».

En realidad, ese es el único modo de que desaparezcan. Cuando nos damos permiso para, simplemente, sentir, sin responder a la llamada de la mente de mono para hacer algo, cualquier cosa que sintamos puede seguir su curso natural. Todas las sensaciones y emociones, incluso aquellas que nos abruman, tienen un inicio, una fase media y un final. Pasarán como una tempestad. Al final, las nubes se dispersan y el sol vuelve a brillar.

El tiempo meteorológico, como la mayoría de las cosas en la naturaleza, escapa a nuestro control directo. Como sabemos que va a cambiar –lo ha demostrado una y otra vez–, aceptamos los nubarrones como algo necesario y los soportamos. Ojalá tuviéramos la misma fe y confianza en que también nuestras sensaciones y emociones se diluirán y que no necesitamos controlarlas.

Dado que las conductas de seguridad proporcionan un alivio rápido y fiable, nos dan una falsa impresión de control. Pensamos: «Si hago algo, no tendré que sentir tal cosa». Es lo que hemos aprendido al criarnos en una cultura que valora tanto la fuerza de voluntad y el control sobre los resultados como la nuestra.

Como ya he demostrado en este libro, y como sin duda habrás experimentado en tu vida, tomar medidas tan solo proporciona un alivio temporal y nos mantiene atrapados en el ciclo. El hecho de intentar controlar las sensaciones necesarias es exactamente lo que las alimenta. Como reza el dicho, cuanto más te resistas, más te dolerá. Y sin embargo nos aferramos a esta ilusión de control porque la alternativa, sentir dolor, es contraria a la lógica y no nos reporta una recompensa a corto plazo.

Como la ansiedad no se adapta a nosotros, somos nosotros los que debemos adaptarnos a la ansiedad. Necesitamos una respuesta a la ansiedad. Ábrete a cualquier emoción y sensación que surja. Permite que siga su curso natural. Aunque te pueda resultar difícil, cuanto más lo hagas, mejor se te dará. Mis pacientes y yo lo llamamos «tener buena mano para sentirte mal».

Cuanta más rienda suelta demos a las sensaciones necesarias, más resilientes nos haremos a ellas. Una alta tolerancia a la ansiedad nos libera de la tiranía de responder a la llamada a la acción de la mente de mono. Esta construcción de la tolerancia no se producirá si, al igual que cuando cerramos las ventanas antes de una tormenta, cierras tu cuerpo para aislarte de los sentimientos. Necesitas abrirte y sentir todo lo que sea necesario sentir, renunciando al control, para generar resiliencia.

La tarea sería tan imposible como suena si no fuera por dos herramientas estupendas que todos tenemos a nuestra disposición. Estas técnicas son paradójicas, en el sentido de que parece que sean todo lo contrario a lo que necesitas, pero, como he podido comprobar en el ejercicio de mi profesión una y otra vez, son extremadamente eficaces a la hora de ayudarnos a metabolizar las sensaciones y emociones negativas. La primera de estas herramientas de potenciación de la resiliencia es la herramienta fundacional para lidiar con la ansiedad, la técnica esencial y recurrente que puedes aplicar a todas las situaciones.

RESPIRACIÓN DE BIENVENIDA

La próxima vez que sientas ansiedad, párate un momento y presta atención al lugar en el que estás notando una mayor incomodidad. ¿Es en el pecho o en el estómago? ¿Te causa dolor de cabeza o palpitaciones? Cuando hayas localizado el lugar exacto en el que tienes esa incomodidad, empieza a respirar de manera intencionada hacia esa parte de tu cuerpo. Imagínate recibiendo ese malestar con una ráfaga de aire fresco sanador. Esta es tu respiración de bienvenida, una forma poderosa de expresar tu nueva mentalidad expansiva.

Sigue respirando con la intención de recibir, en lugar de resistirte. Cada inhalación refuerza el espacio para que esta sensación incómoda exista. Con cada exhalación, suelta todo control al que puedas estar aferrándote. Recuérdate todas las veces que lo necesites que «Esta sensación es necesaria» y que «Puedo acogerla mientras esté ahí».

Al principio sentirás la respiración de bienvenida como algo desagradable. A no ser que estemos haciendo ejercicio, tendemos a respirar de forma superficial, únicamente con una pequeña porción de nuestros pulmones. Pero pasa ahora a respirar hondo, aunque no estés haciendo ningún esfuerzo. Inhalar más oxígeno no te va a hacer ningún daño.

Mientras continúas con esta respiración de bienvenida, notarás una cambio de sensaciones. Quizá se intensifiquen o quizá disminuyan. Quizá se trasladen a otra parte de tu cuerpo. Tal vez afloren otras sensaciones que las acompañen. Si eso sucede, acógelas también. Pase lo que pase, sigue respirando y acogiendo, permitiendo que las sensaciones estén ahí, permitiéndoles cambiar, permitiendo que paren e incluso que vuelvan a empezar.

Para facilitar este proceso, abre tu cuerpo por completo para dar cabida a todo aquello que tenga que pasar. Tanto si estás de pie como sentado o tumbado, mantén la espalda recta para dejar que los pulmones se expandan al máximo. Quieres tener mucho espacio para que la sensación se desplace. También es posible que te resulte de utilidad mantener las manos abiertas; es otro medio físico que te recuerda que estás dando margen a que esto suceda, que estás renunciando al control, comoquiera que cambie, momento a momento, una respiración tras otra.

Que no te pille por sorpresa cuando al mono, como si fuera el niño del supermercado, le dé una rabieta y te dé un baño de pensamientos y sensaciones de ansiedad adicionales. De hecho, es esperable. Cuando suceda, presta atención a tu respiración. Sé un implacable anfitrión dando la bienvenida. Si sigues recuperando la concentración en la respiración, te sorprenderás de lo bien que asimilarás cualquier sensación o emoción que surja.

No te desanimes si te agobias o te distraes, y no logras llevar la sensación hasta el final. Es probable que no lo consigas al principio. La respiración de bienvenida, como cualquier otra técnica, requiere práctica, y la mayoría de las sensaciones y sentimientos surgirán muchas veces antes de que empieces a experimentar una resiliencia significativa o a percibir que están disminuyendo.

Acoger aquello a lo que estás acostumbrado a resistirte te supondrá un reto. La clave es plantearte la intención de experimentar sensaciones incómodas. La mayor parte de nosotros se pasa toda la vida intentando no sentir incomodidad, de modo que, en realidad, recibir con los brazos abiertos las sensaciones desagradables supone dar un gran paso. Sin embargo, eso es exactamente lo que tenemos que hacer.

Una sensación necesaria es como un invitado inesperado que, inevitablemente, siempre aparece. Como sabes que va a venir, estarás más preparado para manejar la situación si le envías una invitación.

DAR LA BIENVENIDA A LAS SENSACIONES DE LUCHA O HUIDA

Las emociones negativas no son los únicos invitados difíciles de la fiesta cuando el mono es el anfitrión. Es probable que también se presenten sensaciones físicas incómodas. Cuando se disparan las sensaciones de lucha o huida, los cambios neurológicos y bioquímicos que tienen lugar en tu cerebro pueden equivaler prácticamente a un secuestro.

Puedes perder la capacidad de raciocinio o de tomar decisiones sensatas. Es posible que creas no solo que la situación que las ha desencadenado es peligrosa para ti, sino que las propias sensaciones incómodas son peligrosas. Esto nos sucede sobre todo a los que sufrimos ataques de pánico. He aquí algunas sensaciones físicas habituales a las que es especialmente difícil dar una acogida positiva.

- Presión en el pecho
- Mareo o aturdimiento
- Pulso acelerado
- Nervios en el estómago
- Sensación de calor o sudoración
- Insensibilidad u hormigueo
- Visión borrosa

Cuando se experimentan sensaciones corporales intensas e incómodas es fácil convencerse de que algo va mal de verdad. Por ejemplo, cuando se te acelera el pulso, te puede provocar un estado de ansiedad importante porque la mente de mono percibe la amenaza como un posible ataque al corazón. Si te sientes aturdido, tu mono podría pensar que vas a desmayarte o, si te cambia la visión, puede pensar que te estás volviendo loco o que vas a perder el control de alguna forma. No es raro sentir que literalmente te estás muriendo o volviendo loco, motivo por el cual los síntomas de pánico, como el dolor en el pecho, el mareo o la falta de aire al respirar, son razones que se aducen a menudo cuando se acude al servicio de Urgencias.

Si bien estas sensaciones incómodas suelen presentarse como respuestas a una situación de amenaza percibida, también pueden surgir de la nada. Eso puede resultar muy alarmante. Pero lo cierto es que nuestro cuerpo está perfectamente equipado para gestionar estas sensaciones incómodas, incluso si no entiende por qué razón se producen.

Cuando tienes una sensación de lucha o huida pero no hay ninguna amenaza inmediata, se trata de una falsa alarma. Por urgentes que parezcan esas sensaciones, si te resistes a ellas no lograrás más que prolongarlas. Aunque parezcan no tener ningún sentido, las sensaciones incómodas, como las emociones negativas, son necesarias. Cuanto mayor sea nuestra capacidad de acogerlas positivamente, con más facilidad se metabolizarán.

Cuando tengas claro que estás dando la bienvenida a las alertas por ansiedad, tanto con la intención como con la respiración, menos probabilidades habrá de que te secuestren. Como no puedes crecer sin aprender a procesar las sensaciones de lucha o huida, ¡toma las riendas recibiéndolas con los brazos abiertos!

OPORTUNIDADES PARA PRACTICAR LA BIENVENIDA

No hace falta buscar mucho para encontrar situaciones que desencadenen sensaciones incómodas. Vendrán ellas a buscarte. Eso es bueno. Estas situaciones son oportunidades, porque para poder crecer tienes que aprender a dominarlas.

Las situaciones más evidentes son aquellas que más miedo te dan y que has estado eludiendo. Para Eric lo peor era tomar decisiones, enfrentarse a los empleados e ir al gimnasio. Para María era desplazarse a cualquier lugar lejos de un hospital y para Samantha era decirle no a su hijo o a cualquiera que pudiera disgustarse con ella. En los últimos capítulos abordaré el modo en que puedes aprender a acoger de forma positiva estas situaciones arriesgadas. De momento, centrémonos en las situaciones moderadamente incómodas a las que puedes aprender a dar la bienvenida, en lugar de resistirte a ellas, evitarlas o ignorarlas mediante distracciones.

Aquí tienes unas cuantas situaciones desagradables en las que sin duda te encontrarás de forma periódica:

- Esperar mucho rato en un semáforo en rojo
- Hacer cola
- Lidiar con conductores maleducados
- Llegar tarde
- Llevar a cabo una tarea que no te gusta
- Estar en una reunión o en una clase aburrida

Si las situaciones en las que te encuentras a lo largo del día no te generan ansiedad o incomodidad, siempre puedes forzar un poco las cosas y ser tú quien desencadene las sensaciones negativas para poder darles la bienvenida. Te puedes poner muy creativo en este sentido. Aquí van unas cuantas sugerencias:

- Escucha a un candidato político que te caiga mal
- Pon música que te parezca de mal gusto
- Ponte una película que sabes que no te gusta

- Encarga comida que no has probado y que no tienes ganas de probar
- Ve a algún sitio sin llevar encima el teléfono
- Ponte algo de ropa que no suelas utilizar
- Lee o escucha algo que te ponga triste

Acoger positivamente es algo más que una idea o una intuición. Es como un músculo que hay que ejercitar. Encontrarás que resulta muy útil registrar tus ejercicios de bienvenida, y para eso tienes a tu disposición la *Tabla de bienvenida* en: http://newharbinger.com/35067.

Tómate unos minutos todas las mañanas para actualizar tu tabla con las situaciones que has escogido ese día para practicar la bienvenida. Debería ser más o menos así:

Día de la semana/ Fecha	Sentimiento necesario que estoy provocando	Tiempo de duración	Intensidad de la sensación (1-10)	Nivel de la emoción (1-10)	Bienvenida (1-10)
Lunes	Frustración Esperar en un semáforo en rojo	30 s	4	4	4
Martes	Aburrimiento, irritación Estar en una reunión aburrida	1 h	6	7	6

Jueves	Ansiedad Salir a dar un paseo sin el móvil	15 min	2	5	5
Sábado	Ansiedad, culpa Llegar cinco minutos tarde para comer con un amigo	N/D	6	7	4
Lunes	Ira Frenar con el coche obligado por un conductor	5 s	5	8	3

La columna «Intensidad de la sensación» sirve para medir la dimensión de tus sensaciones físicas. ¿A qué velocidad te late el corazón? ¿Qué grado de tensión tienen tus músculos? ¿En qué medida sientes náuseas o el estómago revuelto? Un 10 sería la sensación más intensa que hayas percibido nunca. Un 1 sería una sensación leve que, de no estar prestando atención, posiblemente ni siquiera notarías.

La columna «Nivel de la emoción» es para controlar la intensidad de tu respuesta emocional a la situación en la que te encuentras. Las emociones típicas incluyen tristeza, ansiedad, miedo o culpa. A menudo la intensidad de la emoción que estás sintiendo se corresponderá tanto con la intensidad de tus sensaciones físicas que llegarán a confundirse. En este ejercicio estás aprendiendo a distinguir entre lo que es una sensación física y lo que es una experiencia emocional.

Aprender a calibrar hasta qué punto estás dando la bienvenida a estas sensaciones necesarias es la parte más difícil de este ejercicio. Para acoger positivamente las sensaciones necesarias hace falta cambiar de actitud hacia la ansiedad. Aquello a lo que has estado resistiéndote es lo que ahora debes permitir, aceptar como una necesidad, dar margen y abrazar. Al principio la puntuación de «Bienvenida» será baja. Es normal. Con una reiterada exposición voluntaria a la ansiedad aprenderás a relajarte y a dejarte llevar a las propias sensaciones, y tu puntuación de «Bienvenida» lo irá reflejando.

Recuerda que cuando haces ejercicios de bienvenida no estás tratando de librarte de la sensación ni de controlarla, y tampoco pretendes que te guste esa sensación. Simplemente, con tu respiración, le estás dando la bienvenida a toda emoción que se presente en ese momento. Inhala para aceptarla. Exhala para soltar el control. Repite tantas veces como sea necesario, sabiendo que con cada respiración estás cultivando la resiliencia y la expansión. ¡Tienes buena mano para sentirte mal! También puedes descargarte un ejercicio de audio para ayudarte a practicar, *Dando la bienvenida a la emoción necesaria*, en: http://www.newharbinger.com/35067.

La respiración de bienvenida es una herramienta física increíble para desarrollar resiliencia ante las sensaciones necesarias. Sin embargo, existe una segunda herramienta que querrás conocer y que, si se usa de manera adecuada, puede acelerar en gran medida tu resiliencia.

Esta herramienta consigue captar realmente la atención del mono y le echa el freno al ciclo de ansiedad.

PEDIR MÁS

Todo aquel que haya probado la «psicología inversa» sabe que se parece mucho a un reto. La madre que le dice al niño que está teniendo una rabieta «Adelante, grita todo lo que quieras» será mejor que esté preparada para unos cuantos chillidos desquiciantes, además de unas cuantas miradas de odio por parte de los demás compradores. No obstante, si la madre está verdaderamente comprometida con esta nueva estrategia expansiva y es capaz de surfear la ola de incomodidad y vergüenza, su recompensa en última instancia será un hijo que habrá aprendido que las rabietas no tienen premio.

Este es tu objetivo a largo plazo. Quieres que el mono aprenda que machacarte con más sensaciones negativas no le reportará ninguna recompensa. Este es el entrenamiento del mono, y cuanto más a menudo se contrarreste la llamada del mono, más rápido aprenderá.

Pero recuerda que tú no puedes controlar ni la velocidad a la que aprende el mono ni lo bien que lo hace. En realidad, el ejercicio de expansión consiste en que eres tú el que se entrena. Acogiendo positivamente las sensaciones necesarias aprendes que puedes tolerarlas. Descubres que eres capaz de enfrentarte a todo lo que sucede. Esto te permite tener nuevas experiencias y aprendizajes, y más confianza. Así pues, cuando pides más, te estás enviando un mensaje a ti mismo: «¡Puedo con esto!», y aceleras tu propio aprendizaje.

No puedo dejar de recalcar la importancia que tiene este punto. Es crucial que no pongas «el carro delante del buey». El niño de la rabieta en el supermercado no puede aprender nada nuevo a no ser que la madre aprenda primero a tolerar la rabieta. El mono no puede aprender que en realidad tú puedes lidiar con la situación, a no ser que tú aprendas primero a lidiar con ella.

Por eso, para acelerar nuestro entrenamiento, pedimos más. Cuanto más toleremos la emoción necesaria, más experiencias y aprendizaje podremos adquirir. A modo de ejemplo, observa cómo le sonará «pedir más» a un hipocondríaco como María.

Sensación incómoda: Pulso acelerado.
María: ¡Bien, quiero que mi corazón lata más rápido!

Sensación incómoda: Sudor y temblor.
María: ¡Bien, quiero sudar y temblar más!

Sensación incómoda: Entumecimiento.
María: ¡Bien, déjame sentir más entumecimiento!

Sensación incómoda: Náuseas, calambres en las tripas.
María: ¡Bien, quiero tener más náuseas y calambres!

Sí, ya lo sé. Pedir literalmente sentirse mal suena a locura. Pero es que, hasta ahora, te has pasado la vida intentando no sentirte mal. ¿Acaso te sientes mejor como resultado de esa actitud?

Es por eso por lo que la «locura» funciona. Pedir una dosis mayor de esa incomodidad a la que te has estado resistiendo en el pasado socava cualquier resistencia a la misma que opongas en el momento. Repetir una orden tan potente te mantiene concentrado en tu nueva misión. No puedes quedar absorbido por las órdenes que te da tu mono cuando estás ocupado dándole tú las órdenes. Cuanto más decidido estés a experimentar sensaciones y emociones negativas, más poderosa será tu expansión.

CONTROLADO

Como hemos aprendido todos una y otra vez a lo largo de nuestra vida combatiendo la ansiedad, es inútil resistirse. La ansiedad, literalmente, escapa a nuestro control. Es una fuerza de la naturaleza no menos inevitable que la salida del sol, no menos formidable que una tormenta de verano. En lo que se refiere a la ansiedad, la pregunta que debemos hacernos es: «¿Qué podemos controlar?».

Puedes controlar tu respuesta a la ansiedad. Puedes abrir tu cuerpo y hacerle un hueco mediante la respiración para que siga su curso natural. Puedes pedir más para entrenarte y demostrar –a ti mismo y al mono– que puedes con ella. Recuerda que las sensaciones negativas son inevitables y, por lo tanto, necesarias, y abriéndoles un hueco, con tiempo y paciencia, generarás en tu cuerpo la resiliencia suficiente para sobreponerte a ellas. Cuando controlas tu respuesta al mono, este pierde el control sobre ti.

He dedicado este capítulo al proceso físico de sentir lo que es necesario para expandir tu mundo. Como todos sabemos, las sensaciones y emociones necesarias no se producen en el vacío. Son, a la postre, pruebas de la percepción de amenaza del mono. Los pensamientos angustiosos que acompañan a las sensaciones de ansiedad pueden ser muy persuasivos y numerosos, y sobrevenir como un torrente. Oponerles resistencia es tan inútil como resistirse a las sensaciones necesarias. En el siguiente capítulo aprenderemos a acoger positivamente la preocupación, o lo que yo llamo la «cháchara del mono».

LECCIÓN DEL CAPÍTULO SEIS

Para que las emociones y sensaciones incómodas asociadas a la ansiedad sigan su curso natural no solo es necesario sentirlas, sino que es recomendable acogerlas positivamente.

SIETE

LA CHÁCHARA DEL MONO

Eric llegó a nuestra sesión con aspecto de estar muy estresado. Me contó un incidente que había tenido con una de sus empleadas unos días antes y que lo tenía inquieto. La empleada había cometido una negligencia que le había costado a la empresa un cliente, y ya era la segunda vez que pasaba. Lo que más turbaba a Eric era que esta empleada era la mujer de un buen amigo suyo, y que había sido él quien en un principio la había invitado a trabajar en su empresa. Eric detestaba la idea de hablar con la empleada y estaba inquieto porque, si lo hacía, perdería a su amigo. Las dos noches anteriores había dormido muy poco, desazonado como estaba por lo que debía hacer.

Eric estaba secuestrado. Todos sus pensamientos angustiosos se basaban en percepciones de una amenaza primordial: «¡Si la despido en la oficina todo el mundo me odiará! ¡Perderé a mis amigos! ¡Perderé mi negocio! ¡Estaré solo!». Con razón no podía dormir. Cuando te ves secuestrado por el mono, simplemente eres incapaz de pesar con claridad. Tus pensamientos son como la cháchara de un mono, todos basados en la percepción de una amenaza primordial. Para ayudar a Eric a ordenar todo esto, le pedí que trazara un gráfico de su ciclo.

A Eric observar su gráfico le ayudó a ver que estaba sobrevalorando la amenaza primordial. ¿Se volverían todos en su contra solo por hacer su trabajo? Probablemente no. También vio que quizá estuviera subestimando su capacidad para lidiar con el hecho de que algunas personas, incluyendo a su buen amigo, se molestasen.

Resultó útil. No obstante, si bien la situación tal vez no fuera una amenaza primordial, Eric tenía un problema que había que resolver. Los pensamientos angustiosos pueden ser una señal de que algo no va bien y de que es necesario tomar medidas. Pero, con toda la cháchara del mono en su cabeza, Eric encontraba dificultades para decidir qué medidas debía tomar.

Para ayudar a Eric a decidirse, le propuse el siguiente ejercicio. Está pensado para ayudarte a ordenar el ruido, de tal forma que puedas actuar sobre la señal. Para probarlo puedes descargarte una tabla en: http://www.newharbinger.com/35067.

RESOLUCIÓN DE PROBLEMAS EN CINCO PASOS

1. Identifica el problema.
2. Haz una lista de posibles medidas para resolverlo.
3. Revisa las consecuencias a corto y largo plazo de cada posible medida.
4. Elige la mejor medida y aplícala.
5. Evalúa el resultado, ¡y date una palmadita en la espalda por haber probado algo nuevo!

Empezando por el paso 1, le pedí a Eric que formulara su problema actual en los términos más sencillos posible. Esto es lo que dijo: «La empleada a la que contraté está ahuyentando a los clientes».

El paso 2 era idear dos posibles medidas para abordar el problema. Durante este paso es bueno pensar con libertad, sin intentar encontrar la mejor solución, solo ir diciendo todo lo que se nos pase por la cabeza. A Eric se le ocurrieron cuatro medidas que cubrían sus opciones bastante bien. Podía despedir a la empleada, someterla a un periodo de prueba, hablar con su amigo (el marido de la empleada) acerca del problema o sencillamente no hacer nada.

A continuación, el paso 3. Le pedí a Eric que evaluara esas posibles medidas, analizando cuáles podría ser las consecuencias de cada una de ellas tanto a corto como a largo plazo.

Eric dijo que en ese momento lo más fácil sería no hacer nada, pero sin algún tipo de intervención la empleada podía hacerle perder más clientes en el futuro. Despedirla evitaría sin duda futuros errores, pero sería extremadamente incómodo y afectaría su amistad con el marido de ella. Hablar con su amigo, el marido de su empleada, sin hablar con ella no tenía sentido ni a corto ni a largo plazo. No podía externalizar su propia responsabilidad, descargarla sobre su amigo y esperar que el problema estuviera resuelto.

La última opción, amonestar formalmente a su empleada, incluyendo consecuencias para futuros errores, sin duda le haría sentir incómodo a corto plazo, pero si ella volvía a cometer el error en el futuro, despedirla sería más fácil, y al menos él tendría la justificación que necesitaba para el documento de despido en el expediente personal de la empleada. Eric decidió que la mejor opción era someter a su empleada a un periodo de prueba, sobre todo si lo combinaba con más formación para evitar errores en el futuro.

Con un audaz plan de acción, Eric estaba listo para el paso 4 del ejercicio «Resolución de problemas en cinco pasos», que era pasar a la acción. Sin embargo, él aún se sentía inquieto. Esperaba poder dar con la solución perfecta, que no pusiera en riesgo su amistad con el marido de la empleada y que no causara más perdidas de clientes para la empresa. Era la mentalidad de mono perfeccionista de Eric en plena faena. Cuando se resuelve un problema, nunca existe la solución perfecta. De haberla, ¡no sería un problema!

Si la medida que Eric había escogido no resolvía la situación, le expliqué, siempre podía volver al paso 4 y elegir otra medida. Hasta entonces, no valía la pena pensar en las demás. Por ahora, debía centrarse en la medida que había decidido poner en práctica.

Eric dijo que se sentía un poco mejor, pero le preocupaba seguir inquieto. El hecho de haberse decidido por una medida no significaba que el mono de Eric no siguiera con su cháchara; de hecho, los dos estábamos seguros de que así lo haría. De modo que le presenté mi herramienta favorita con el fin de responder a la cháchara del mono.

DARLE LAS GRACIAS AL MONO

Como les pasa a todos mis pacientes cuando se enfrentan a sus pensamientos angustiosos, Eric tenía el instinto de bloquearlos. Cuando esto no funcionaba, discutía, aportando argumentos para justificar que no había necesidad de preocuparse. Y, como todos nosotros, Eric casi nunca tenía mucho éxito.

El mono es una fuerza de la naturaleza y, al igual que todas las fuerzas irreprimibles, cuanto más nos resistimos, más insiste. ¡No se puede hacer caso omiso al mono, reprimirlo ni debatir con él! Para él, tus esfuerzos por no pensar en la amenaza percibida solo lograrán confirmar la amenaza, lo cual te garantiza todavía más cháchara. Para enviarle al mono el mensaje que quieres enviarle, «Soy consciente de este problema y puedo con él», debes darle plena voz.

Darle al mono plena voz no significa, desde luego, seguirle la corriente. Simplemente sé consciente de la cháchara sin juzgarla ni reaccionar a ella. Sé consciente del mono igual que eres consciente de los anuncios que te avisan por megafonía en el aeropuerto de que no desatiendas tus pertenencias. Por muy molesto o repetitivo que sea un pensamiento, tú sigue reparando en él, una y otra vez.

Simplemente por reparar en él, te estás dando permiso para tener pensamientos negativos –sí, hasta los peores y más terroríficos y que te daría vergüenza compartir con cualquiera– y entrenándote para no tratarlos como una llamada a la acción. Estás creando una distancia saludable entre el mono y tú, convirtiéndote en un observador, más que en un participante del proceso de preocupación.

Por lo tanto, cuando la cháchara del mono se vuelva lo bastante insistente como para distraerte, lo cual sucederá casi seguro, el ejercicio que debes practicar será observar el pensamiento angustioso y pasar a otra cosa. Para recordarte a ti mismo que te estás negando a enzarzarte en la cháchara de tu mono, en lugar de tratar de cerrarle la boca, te sugiero que tengas un reconocimiento para estos pensamientos con un simple «Gracias».

Eso es, ¡sé educado! El bichito, con todo lo equivocado que está, solo intenta hacer su trabajo y mantenerte a salvo. Como un niño pequeño con una rabieta, el mono no se va a callar si le das una razón. Como sucede con una alarma de incendios, no se puede hacer caso omiso. De modo que dale las gracias educadamente al mono y sigue tu camino. Así es como sonaba para Eric cuando recibió una descarga de cháchara al hilo de su inminente conversación con su empleada.

Cháchara del mono: Ella puede haber cometido un simple error. ¡Enfrentarte a ella sería un error!
Eric: Gracias, mono.

Cháchara del mono: Si te enfrentas a tus empleados, te odiarán y ¡serás un paria en tu propia empresa!
Eric: Gracias, mono.

Cháchara del mono: No puedes amenazar con despedir a la mujer de un amigo. ¡Eso sería una traición imperdonable!
Eric: Gracias, mono.

Recuerda que lo que estás observando no es más que un pensamiento, un pensamiento que es el producto de un cerebro secuestrado. Cada vez que lo observas y te niegas a actuar en relación con el mismo, más aumenta la distancia entre ese pensamiento y tú y más recuperas el control sobre tu cognición. Cada vez que observas la cháchara, agradeces la cháchara y sueltas la cháchara, como en cualquier ejercicio, te harás más fuerte y más diestro a la hora de recuperar tu propio cerebro.

Si te descubres contrarrestando la cháchara del mono con argumentos propios, detente. El mono no aprende de los argumentos ni del debate. La mente de mono aprende: 1) recibiendo una confirmación de su percepción de amenaza, o 2) no recibiendo una confirmación de su percepción de amenaza. Te has pasado toda la vida enseñándole al mono la lección equivocada confirmándole sus percepciones con resistencia. Es hora de parar. El mensaje más claro que puedes enviarle al mono parlanchín es observarlo, darle las gracias y regresar –una y otra vez– a tu nueva estrategia y mentalidad expansivas.

Tu objetivo es invalidar la llamada a la acción de la mente de mono, no ahogarla o socavarla de ninguna forma. Estás generando inmunidad, de modo que no importa si la cháchara te ataca con mucha fuerza o muy a menudo, puedes seguir avanzando con decisión hacia tus objetivos principales y expandiendo tu mundo.

HORA DE PREOCUPARSE

A la semana siguiente, durante mi sesión con Eric, me contó que a causa de un problema de calendario todavía quedaban unos días para la reunión con su empleada. Esto había propiciado que su mono tuviera mucho tiempo adicional para desplegar su cháchara ante la expectativa del enfrentamiento.

Eric tuvo ocasión de observar, agradecer y soltar sus pensamiento angustiosos con un «Gracias, mono», de forma bastante constante, al menos durante el día. Pero por la noche, cuando estaba cansado, volvía de nuevo al ciclo de preocupación. Tumbado a solas en la oscuridad, darle las gracias al mono se le antojaba una bobada y no le ayudaba a conciliar el sueño. Eric estaba listo para la herramienta antichácchara de potencia industrial: la hora de preocuparse.

Espero que te hayas ido acostumbrando a las paradojas a lo largo de este libro. La hora de preocuparse es justo lo que aparenta, un momento para preocuparse, ¡y a propósito, nada menos! La diferencia es que la hora de preocuparse es un tiempo para ti. Eres tú, y no el mono, el que decide cuándo preocuparte y por qué preocuparte.

La diferencia es más grande de lo que parece. La preocupación es una acción mental que emprendemos como respuesta a una amenaza percibida. Como tal, es una conducta de seguridad, pensada para prevenir las emociones negativas que conllevan los pensamientos. Cuando decides por tu cuenta, independientemente de lo que te diga el mono, designar un tiempo en el que permites que el pensamiento negativo se exprese –sin tratar de arreglar nada ni resolver ningún problema–, estás programando. Abordas la preocupación con otra actitud.

Con esta nueva perspectiva igualas el terreno de juego. Es un poco como plantarle cara a un abusón. El mensaje es: «Este es mi barrio. ¡Venga! Yo puedo con ello». Si se aborda la preocupación desde este punto de vista, con un plan y un objetivo, de ser una estrategia de seguridad pasa a ser una estrategia expansiva. Tú mismo haces aflorar el pensamiento angustioso y no tratas de resistirte a él. Y al mono le entra hambre.

PREOCÚPATE

Designa un periodo del día que dedicarás a preocuparte intensamente. Programa la alarma o márcalo en el calendario, como harías con cualquier otro compromiso importante. Dado que no será algo que estés deseando que llegue, como ya habrás adivinado, te sugiero que planifiques hacer algo divertido antes, como quedar con un amigo, ver una película o cualquier otra forma de entretenimiento.

Cuando llegue tu cita con la preocupación, encuentra un lugar en el que nadie te interrumpa, pon el cronómetro en diez o veinte minutos y ponte con ello. Zambúllete de lleno en tu preocupación. No pares hasta que suene la alarma.

Recuerda no contraargumentar ni reprimir los pensamientos y sentimientos que vayan surgiendo. Eres tú el que está al mando y esto es lo que has pedido. Has elegido abrir las puertas, dejar que todo lo que estás pensando y sintiendo te atraviese sin resistirte a nada. Estarás tentado de resolver algunas de tus preocupaciones, pero no vayas por ahí. ¡Nada de corregir, tan solo percibir!

Bien al contrario, es posible que tu mente se desvíe de los pensamientos angustiosos y que te sorprendas pensando en cosas positivas que no llevan asociada ninguna emoción. Reconcéntrate en un pensamiento angustioso. Estás en la hora de preocuparse, en la que tu intención es estar preocupado. ¡Cuantas más veces retomes la preocupación, mejor!

Para maximizar la eficacia de tu hora de preocuparse, quizá te resulte útil elaborar un guion y leerlo en voz alta o grabarlo y escucharlo. Es lo que hizo Eric. Para hacer el guion le formulé dos preguntas y le hice responderlas con la mayor concreción posible, sin florituras.

1. **¿Qué es lo peor que podría pasar?**
2. **Si se cumple, ¿qué significaría para mí, para mi vida y para mi futuro?**

Le dije que se dejara llevar por completo, como si estuviera escribiendo una película de terror: su peor panorama posible. Esto fue lo que escribió:

> *Mi empleada ofenderá a otro cliente y lo perderemos. Cuando hable con ella se enfadará conmigo. Llorará y lo negará todo, diciendo que no fue culpa suya. Todos en la oficina se pondrán de su parte. Se irá a casa y le contará a su marido que soy un desgraciado. Él también se enfadará y vendrá a pedirme explicaciones en persona, y me dirá que estoy siendo injusto y que me he pasado de la raya, y que nuestra amistad se ha acabado. Entonces les contará a todos nuestros conocidos que soy un desgraciado y todos se volverán en mi contra. Todas las personas con*

las que trabajo, además de mis amigos, las personas
que me importan, me odiarán y me quedaré solo.

Cuando Eric leyó lo que había escrito fue consciente de se le había ido un poco la mano. «Pero eso no me impide preocuparme por ello», dijo. «Bien», le dije yo. Siempre que provoque que el mono haga saltar la alarma, será genial usar la «Hora de preocuparse».

Como todas las herramientas, la «Hora de preocuparse» será más efectiva si se practica de forma regular y frecuente. Con mis pacientes recomiendo planificar una hora de preocuparse a diario durante al menos una semana. Recuerda que la resiliencia se genera mediante la repetición. Para obtener una versión descargable de la tabla para este ejercicio, visita: http://www.newharbinger.com/35067.

Además de la resiliencia que irás acumulando gracias al propio ejercicio, gozarás del beneficio añadido de disponer de otra clase de estrategia expansiva que puedes usar cuando la cháchara del mono te pille por sorpresa. Te puedes decir a ti mismo: «Me preocuparé de esto mañana en la hora de preocuparse». Posponer la preocupación hasta el momento en que tengas el control funciona, porque has dejado de alimentar al mono.

Cuando no alimentas al mono, el plátano te lo quedas tú. Ganas una nueva experiencia y un nuevo aprendizaje que construye nuevas vías neurales en tu cerebro. Estás aprendiendo que el contenido de los pensamientos angustiosos no es importante y no te hace falta actuar al respecto. Esos «y si» y «y qué hay de» que te presionan y que antaño resonaban en tu cabeza están empezando a sonar más como lo que son: «¡Ni-no, ni-no!». La cháchara del mono. Puedes tolerarlos. ¡Te estás expandiendo!

MEZCLA Y COMBINA

Lidiar con la preocupación no es solo un ejercicio cerebral, sino un entrenamiento de todo el cuerpo. Cuando utilices las herramientas de la cháchara del mono que aparecen en este capítulo, aflorarán con fuerza las sensaciones necesarias que he descrito en el anterior. Vas a tener que usar la «Respiración de bienvenida» y «Pedir más», combinadas con «Darle las gracias al mono» y la «Hora de preocuparse».

Es más, las herramientas que aparecen en estos dos capítulos no solo se pueden usar de una en una y combinadas, sino que también son intercambiables. Por ejemplo, puedes responder a la cháchara del mono con la «Respiración de bienvenida». Puedes «Darle las gracias al mono» por las sensaciones negativas y puedes «Pedir más» sensaciones físicas incómodas durante la «Hora de preocuparse». Mezcla y combina estas herramientas libremente. Cuanto más las uses y a cuantas más situaciones las apliques, más resiliencia desarrollarás a la larga.

Fíjate en la expresión «a la larga» de la frase anterior. Las nuevas herramientas requieren de toda una serie de habilidades nuevas. Para procesar las sensaciones necesarias hace falta ejercitar músculos que la mayoría de nosotros tenemos atrofiados desde hace mucho tiempo, y como nuestra actual mentalidad de mono ejerce una influencia en todas las situaciones de la vida en una medida u otra, queda mucho «entrenamiento de expansión» por delante. Cualquier cambio que hagas en tu forma de pensar o de actuar requiere de mucha repetición hasta convertirse en tu forma de pensar o de actuar por defecto.

Aunque pueda parecer una mala noticia, en realidad es bueno. Recuerda qué es lo que estás entrenando: ¡expandir tu vida! Cuanto más te expandas, más libertad tendrás a la hora de perseguir tus objetivos y más flexibilidad y resiliencia tendrás cuando encuentres obstáculos.

En el siguiente capítulo hablaré sobre otras dos herramientas útiles para tu entrenamiento de expansión, ambas de naturaleza muy distinta. Una es conceptual, la otra es concreta. Una inspirará tu entrenamiento y la otra lo apuntalará. Por separado son poderosas; juntas son imparables. Cuando hayas entendido su fuerza sinérgica, no querrás practicar sin ellas.

LECCIÓN DEL CAPÍTULO SIETE

La preocupación no suele ser más que la cháchara del mono, y se disipará si la acogemos positivamente y la toleramos, en lugar de resistirnos a ella y tomar medidas al respecto.

OCHO
OBJETIVO Y PLAN

¿Te acuerdas de la primera vez que un profesor o compañero de clase de primaria miró tu dibujo amorosamente pintado con lápices de colores y te dijo: «¡Eso no se parece a un caballo!»? En esos tiernos instantes nos dimos cuenta de que la dicha de la autoexpresión tiene un precio. El precio de la creatividad es el juicio de los demás.

Si no podemos tolerar el miedo primordial que desata el juicio de los demás –el de ser expulsado de la tribu–, aprendemos a prever esos juicios y a interiorizarlos. Dejamos los lápices de colores. Dejamos de cantar. Nos proclamamos faltos de todo talento. «En cada niño hay un artista –dijo Pablo Picasso en su famosa cita–. El problema es cómo seguir siendo un artista cuando nos hacemos mayores».

Por supuesto, no todos estamos hechos para ser artistas visuales, pero ¿qué pasa con el arte de vivir? ¿Estamos tan atenazados por la necesidad de supervivencia que no podemos permitirnos ninguno de nuestros valores más elevados? Perpetuamente azuzados por el «¡ni-no, ni-no!» del mono y secuestrados por las sensaciones negativas, nos vemos atrapados en un juego con unas reglas tan estrictas que son imposibles de seguir. Intentamos estar seguros, ser perfectos, complacer a los demás, pero todas estas cosas son pobres sustitutos del verdadero objetivo de estar vivos. Si seguimos dedicando nuestra vida a la mera supervivencia, al tiempo que sacrificamos valores como la creatividad y la espontaneidad –y las metas personales que el hecho de vivir según esos valores nos ayudará a alcanzar–, antes o después estamos destinados al arrepentimiento.

Tanto si eres artista como si eres contable, este es el reto. ¿Vivir según el valor del mono –seguridad a toda costa– o según el tuyo? No sé con certeza cuál es nuestro objetivo en este planeta, pero estoy segura de que estamos hechos para algo más que sobrevivir.

La niña que canturrea mientras pinta su personal obra maestra y el artista en su estudio, creando audaces géneros de pintura que hasta entonces no existían, viven según sus propios valores personales: autoexpresión, autenticidad, curiosidad, independencia, comunicación, valentía y placer, por mencionar solo algunos. Somos todos artistas practicando el arte de vivir. ¿Cuáles son los valores que van a inspirar tu entrenamiento?

Para ayudarte a responder a esta pregunta, aquí tienes una lista de algunos de los valores humanos expansivos. Cualquiera de ellos, o cualquier combinación de ellos, te proporcionará un objetivo y una orientación para tu entrenamiento. Marca con un círculo aquellos que más te seducen o, mejor aún, escribe tu propia lista con los seleccionados y guárdala a mano para poder recurrir a ella en el futuro. También puedes descargarte la *Lista de valores* en: http://www.newharbinger.com/35067.

SEGURIDAD

AUTOACEPTACIÓN

COMPROMISO

FLEXIBILIDAD

CRECIMIENTO

RESILIENCIA

HUMOR

RECEPTIVIDAD

AVENTURA

PRESENCIA / CONCIENCIA

CREATIVIDAD

SALUD

VALENTÍA

ESPIRITUALIDAD

SINCERIDAD

INDEPENDENCIA

DIVERSIÓN / PLACER

AUTOEXPRESIÓN

PAZ

RESPONSABILIDAD

COMPASIÓN

HONOR

AUTENTICIDAD

AMOR

CONFIANZA

VALORES EN MARCHA

Los valores sin un contexto no son más que palabras sin apenas significado. Para ver cómo funcionan en calidad de inspiración y guía en el entrenamiento de expansión, volvamos a María, Eric y Samantha.

María quería superar su hipocondría y estaba dispuesta a sentir más ansiedad a corto plazo abandonando algunas de sus estrategias de seguridad, buscar y comprobar información que la tranquilizara. Había identificado una mentalidad más expansiva que podía cultivar, una que daba margen a la incertidumbre en relación con sus sensaciones físicas. Era un buen plan, y sensato. Cansada de navegar sin alejarse de la costa, María estaba lista para adentrarse en aguas inexploradas. Pero ¿qué pasaría cuando las aguas se agitaran? ¿Cuáles serían los valores que inspirarían a María y la ayudarían a no desviarse de su rumbo?

Cuando le pregunté a María qué valores eran más importantes para ella que sentirse a salvo y segura, le sorprendió lo difícil que era identificarlos. Pero cuando le enseñé la tabla de valores no tuvo ningún problema para nombrarlos.

Diversión, Flexibilidad, Aventura, Resiliencia, Presencia

Le propuse a María que se los grabara en el móvil, de forma que, cuando se sintiera perdida y necesitara recuperar el rumbo, le sirvieran como recordatorio de aquello que le inspiraba en su entrenamiento. Y eso es exactamente lo que hicieron.

El entrenamiento de expansión de Eric fue limitar el tiempo que se concedía para tomar decisiones y aceptar las invitaciones a los eventos sociales. Ambas intenciones amenazaban su mentalidad de mono: que si cometía errores, sufriría la censura y el rechazo de los demás. Le pregunté a Eric por qué quería hacerlo. ¿Qué era más importante para él que la seguridad? Estos son los valores que eligió:

Autoaceptación, Compromiso, Autenticidad, Crecimiento, Resiliencia, Valentía

Eric guardó esta lista de valores en el dorso de su tarjeta de visita profesional, en su cartera, para tenerla siempre a mano. Y en el transcurso de su entrenamiento la consultaba a menudo.

El único valor que Samantha estaba respetando era la seguridad de su hijo. Por muy noble que sonara, Samantha sabía que eso no la estaba llevando en la dirección que ella quería, normalmente solo hacia su teléfono y su talonario de cheques. Cuando miró la lista de valores, encontró algunos sustitutos que merecían la pena. Y con el fin de tenerlos más claros, los afinó un poco.

Salud (la mía), Confianza (en mi hijo) y Responsabilidad (hacia mí misma)

Para recordarse a sí misma sus valores, cambió en la pantalla de inicio de su móvil la foto de su hijo por una foto suya. Cuando se sentía tentada de marcar el número de su hijo para ver cómo estaba, la imagen le recordaba de quién debía hacerse responsable verdaderamente. Tenía la intención de volver a cambiar la foto algún día, pero solo después de tener bien claros su valores.

¿Acaso tu mentalidad «Tengo que estar seguro; No puedo cometer errores; Soy responsable de todo el mundo» te está alejando de tus valores? ¿Qué peaje se está cobrando en tu vida? ¿Cuáles son los valores que quieres que te guíen?

Solo para practicar, imagínate en las siguiente situaciones, eligiendo indicaciones sobre la base de distintos valores.

Caminas por una ciudad que no conoces, tienes hambre y una hora libre.

Valor:
Seguridad

Indicación: Busca en una aplicación un restaurante con cinco estrellas.

Valor:
Aventura

Indicación: Pídele una recomendación a algún lugareño y hazle caso sea cual sea.

Tu jefe dirige una reunión que está tomando una dirección que no te gusta.

Valor:
Seguridad

Indicación: No digas nada y deja que la reunión siga su curso.

Valor:
Autenticidad

Indicación: Informa al grupo cuáles son tus objeciones y propón una hoja de ruta alternativa.

Tu pareja está disgustada por el desorden de la vivienda que compartís.

Valor: Seguridad	**Indicación:** Sorprende a tu pareja limpiando mientras él o ella no está en casa.
Valor: Diversión	**Indicación:** Da por inaugurada la tradición del «Viernes de limpieza», en el que los dos hacéis juntos la limpieza mientras suena vuestra música favorita.

Ves a alguien en un evento cuyo nombre no recuerdas.

Valor: Seguridad	**Indicación:** Evita a esa persona hasta que lo recuerdes o lo averigües.
Valor: Espontaneidad	**Indicación:** Acércate a esa persona ofreciéndole la mano y recuérdale cómo te llamas.

Estos son solo algunos ejemplos de situaciones en las que solemos encontrarnos y en las que olvidamos fácilmente nuestros valores. La mayor parte de nosotros se enfrenta a decenas de ellas a lo largo de un día cualquiera, y algunas son tan increíbles que nos hacen pensar: «¿Cómo voy a recordar mis valores cuando el mono hace saltar la alarma?».

El emprendedor tiene un plan de negocio, las escuelas tienen programas de estudios, los políticos tienen plataformas, las organizaciones tienen estatutos y los países tienen constituciones. Tú también te beneficiarás muchísimo de planificar y documentar el objetivo de tu entrenamiento y el modo en que piensas llevar a la práctica tus valores.

He elaborado una tabla de expansión para mis pacientes que les ayuda a mantener vivo el entrenamiento. Recoge todos los componentes de un entrenamiento de expansión: la situación que has elegido como una oportunidad para crecer, los valores personales que te van a guiar, tu antigua mentalidad y estrategias de mono, tu nueva mentalidad y estrategias expansivas y, por último, las sensaciones necesarias a las que te vas a enfrentar. Cuando mis pacientes están empezando cualquier ejercicio, cumplimentamos la tabla juntos y yo los animo a leerla cada día.

Las tablas de expansión han ayudado tanto a mis pacientes que las uso habitualmente en mi propio entrenamiento personal. Me gustaría compartir contigo una de ellas. Recordarás que mi miedo a cometer errores se interponía en el deseo de escribir. Aquí abajo hay una tabla de expansión que rellené para ayudarme a practicar la alteración de mi mentalidad de mono perfeccionista.

Problema / oportunidad: escribir.	
Valores: autenticidad, autoaceptación, creatividad, valentía.	
Mentalidad de mono	**Mentalidad expansiva**
Tengo que saber qué voy a decir, decirlo con claridad, y tiene que ser bueno. Si no lo hago a la perfección, demostraré que no soy lo bastante buena.	La creatividad implica riesgo. Hacer las cosas bien o mal no define mi valía como persona.
Estrategias de seguridad	**Estrategias expansivas**
Investigar más. Esperar hasta sentir que tengo la mente clara. Cuando me frustre, dejarlo.	Limitar el tiempo de escritura a 30 minutos. Escribir con libertad, dar margen a la imperfección. Usar la respiración de bienvenida.
Sensaciones necesarias: ansiedad, confusión, frustración.	

El poder de la tabla de expansión deriva de que, antes de completar cada campo, tienes que pensar. La práctica de la expansión merece y requiere una preparación concienzuda. Abordar cualquier situación del entrenamiento sin un plan invita a que el mono te secuestre. Sería como intentar jugar al fútbol sin ensayar antes las jugadas.

No suelo afrontar una situación pensando: «Quiero ser auténtica, creativa e indulgente conmigo misma». Al escribir literalmente esos valores, los hice más reales y los convertí en una parte integral de mi objetivo global. De una forma parecida, documentar tanto mi mentalidad de mono y las estrategias de seguridad como sus alternativas expansivas las iluminaba y las dotaba de un gran relieve, dejándome muy claras las elecciones que me esperaban. Anticiparme a las sensaciones necesarias y reflejarlas sobre el papel me ayudó a prepararme para la tarea de dar la bienvenida y tolerar esas sensaciones. Fíjate en que me recordaba a mí misma que dar la bienvenida a la ansiedad a través de la respiración es una estrategia de expansión. Es un recordatorio fabuloso de que procesar la ansiedad es tan normal como respirar.

Me gustaría que te tomaras unos minutos para practicar y rellenar tu propia tabla de expansión. Descarga la ficha *Tabla de expansión* en: http://www.newharbinger.com/35067, y sigue los pasos que hay más abajo para cumplimentarla. Con la perspectiva que te da este ejercicio, gozarás de una enorme ventaja sobre lo que tenías antes. Cuando el mono haga saltar la alarma, ¡estarás preparado!

TABLA DE EXPANSIÓN

1. Piensa en una situación difícil. Esta puede ser una tarea o actividad que hayas estado posponiendo, una decisión que te esté costando tomar, un evento inminente que te ponga nervioso, una situación en la

que te esté costando decir «no» o defender tu propia postura o una preocupación crónica que te tenga inquieto. Anota esta situación en el primer recuadro, marcado como «Oportunidad».

2. Identifica los valores que son verdaderamente importantes para ti en esta situación. Representan la dirección hacia la que quieres avanzar y lo que quieres reforzar o cultivar trabajando este problema. Encuentro muy útil emplear la lista de valores que has visto en este capítulo como referencia.

3. Identifica qué mentalidad de mono se activa en esta situación. Puedes revisar los ejemplos de mentalidad de mono que encontrarás en el capítulo 5. Están marcados con el título *Más allá de la certidumbre, Más allá de la perfección* y *Más allá de la hiperresponsabilidad*. Puedes descargártelos en: http://www.newharbinger.com/35067.

4. Identifica la mentalidad expansiva que contrarresta la mentalidad de mono. Puedes consultar los mismos pasajes en el capítulo 5 o en las descargas mencionadas en el paso 3.

5. Haz una lista de las estrategias de seguridad que has usado en el pasado. Una buena pregunta que te puedes hacer es: «¿Qué hago para evitar que suceda lo peor?». También puedes consultar la lista de estrategias de seguridad habituales que puedes encontrar en el capítulo 4 o descargártelas en: http://www.newharbinger/35067.

6. Haz una lista de las estrategias expansivas que pensabas usar. Suelen ser exactamente lo opuesto a tus estrategias de seguridad.

7. Por último, escribe las sensaciones necesarias que vas a tener que experimentar y a las que vas a dar la bienvenida para poder crecer. Esto incluye tanto las sensaciones de lucha o huida, como las sensaciones y emociones negativas. Aquí tienes una breve lista de las emociones necesarias para ayudarte a prever cuáles podrían ser.

Ansiedad	*Vergüenza*
Ira	*Culpa*
Pánico	*Desesperación*
Frustración	*Remordimiento*

Rellenar una tabla de expansión es el primer paso para dominar una situación que previamente te sobrepasaba. Recuperas los valores que habías estado sacrificando en aras de la seguridad. Reconoces tu antigua mentalidad y sus estrategias, y defines las nuevas. Eliges las sensaciones necesarias a las que darás la bienvenida para alcanzar tu meta.

Tal vez lo que más te capacita de completar una tabla de expansión sea que cuando estás absolutamente preparado para lo que está por venir, le arrebatas al mono una ventaja crucial: el factor sorpresa. El mono domina un sistema de alarma neural que viaja a una velocidad de trescientos kilómetros por hora. Sin previo aviso, puede secuestrarte antes de que puedas tomar aire, a no ser que lo estés esperando. Cuando estás plenamente preparado, serás tú el que dé la sorpresa.

Cuando tienes un plan y un objetivo, hasta la más mínima situación que te cause ansiedad es una oportunidad para expandir tu vida. En el siguiente capítulo aprenderemos a generar estas oportunidades para practicar, en lugar de esperar a que el mono nos pille por sorpresa.

LECCIÓN DEL CAPÍTULO OCHO

Cuando invalidamos el valor de seguridad del mono con nuestros propios valores personales y planificamos las situaciones para practicar estos valores y respetarlos, expandimos nuestra vida.

NUEVE

REBAJAR LAS APUESTAS

Hace unas décadas, cuando los videojuegos estaban en pañales, mi hijo de seis años estaba jugando a un juego muy mono que se llamaba *Lemmings* cuando mi marido entró en el salón. «Vaya, eso parece divertido –dijo–. ¿Me dejas jugar?». Al cabo de menos de un minuto, estaba completamente hundido. «Supongo que los videojuegos no se me dan bien», suspiró.

Nuestro pequeño sabio se volvió y le puso la mano en el hombro a su padre. «No pasa nada, papá. Es solo que no estás preparado para el nivel 34».

NIVEL UNO

Puedes empezar el día mañana por la mañana con la mejor de las intenciones, reaccionar a cada alarma de la mente de mono con una nueva respuesta, dando la bienvenida a las emociones necesarias a medida que vayan surgiendo. Sin embargo, por muy decidido que estés, tus posibilidades de terminar el día sin ser secuestrado se acercan mucho a las que tenía mi marido de completar el nivel 34 de *Lemmings*. Mantener una mentalidad expansiva es sumamente difícil cuando el mono te pilla por sorpresa con altas dosis de ansiedad.

Hasta que logres desarrollar cierta resiliencia a la ansiedad, la mejor postura que puedes adoptar frente al mono durante tu entrenamiento es empezar por el nivel uno. Esto se traduce en escoger situaciones para tu entrenamiento que sabes que no son una gran amenaza a tu supervivencia. Las situaciones que entrañan un riesgo bajo tienen menos probabilidades de desencadenar una ansiedad abrumadora y podrás mantener en pie tus nuevas mentalidad y estrategias expansivas.

Por ejemplo, ¿tu hiperresponsabilidad te obliga a hacer muchas horas extra? Si bien podrías concertar una reunión con tu jefe mañana mismo para establecer claramente algunos límites, lo mejor será que te ciñas a un nivel más bajo, como planificar ese día la salida del trabajo a tu hora. Si tienes dificultades para tomar decisiones porque necesitas estar seguro, más que contratar un plan de pensiones, ve a tu heladería favorita y prueba un sabor que no hayas probado nunca. No hace falta que presentes una charla TED para encarar la ansiedad por alto rendimiento. Prueba cocinar para los amigos, lo cual también pondrá a prueba tu mentalidad de mono perfeccionista. Aunque pueda parecer que estas situaciones de bajo riesgo acarrean consecuencias leves, estarás aprendiendo más de lo que crees. Ahora te explico por qué.

Como tu mentalidad de mono tiene la envergadura de un sistema, las estrategias de seguridad que empleas en las situaciones que te generan un bajo nivel de ansiedad son las mismas que utilizas en las situaciones que te generan un alto nivel de ansiedad. Tanto si estás negociando un contrato de un millón de dólares en el trabajo como si estás decidiendo qué película ver, el mono está ahí. Tanto si estás eligiendo universidad como escogiendo un par de pendientes, la seguridad te arrastra. Prácticamente todas las situaciones que vives a lo largo del día te enfrentan al mono. Todas las situaciones, por muy rutinarias e inconsecuentes que sean, son oportunidades para practicar tu nueva mentalidad. Aquí tienes algunas situaciones con las que mis pacientes eligieron practicar.

El perfeccionismo de Eric se manifestaba no solo en su lugar de trabajo, sino también en su vida personal. No iba al gimnasio porque tenía sobrepeso. Nunca cocinaba para él solo porque podía olvidar algún ingrediente o quemar algo. No charlaba con sus vecinos porque podía decir alguna inconveniencia. Todas estas situaciones se convirtieron para él en ejercicios de nivel bajo.

María necesitaba estar segura no solo con respecto a su salud, sino también a su situación económica, a sus amigos y a sus compras. Solo invertía en letras del Tesoro, solo se relacionaba con la gente de su iglesia y hasta le costaba decidirse a la hora de comprarse un par de zapatos. De igual forma, Samantha se sentía responsable de los animales domésticos perdidos que veía en los carteles y era reacia a molestar al camarero para pedirle más crema de leche cuando esta estaba vacía.

Ninguno de ellos tuvo que irse muy lejos para encontrar situaciones apropiadas para practicar.

¿Cuál es tu nivel uno? Quedan muchas sugerencias por delante, pero seguirás siendo tú quien tenga que elegirlas. Intenta dar en el punto óptimo, donde brote suficiente ansiedad o sensaciones de lucha o huida como para sentir el reto, pero no tanto como para que retrocedas a una estrategia de seguridad.

A estas alturas es probable que tengas una idea clara de bajo cuál de las tres mentes de mono has estado actuando. Cada una de ellas tiene su propio conjunto de oportunidades de expansión. Espero que las que he incluido en esta lista te inspiren. Te sorprenderías de lo simples o incluso lúdicas que aparentan ser algunas. Otras te pueden parecer absolutamente formidables. Ya sea grande o pequeña, cada oportunidad planteará un desafío. Si recuerdas elegir las oportunidades que estén justo en el borde exterior del límite de tu zona de confort actual, con riesgos que puedas gestionar, tu ejercicio será a la vez razonable y gratificante.

CELEBRAR LA IMPERFECCIÓN

He aquí algunas oportunidades para la mentalidad de mono perfeccionista, que no permite cometer errores. Entre los valores que te gustaría cultivar están la creatividad, el riesgo y la aventura. La aceptación y la compasión te harán falta cuando cometas los inevitables errores. También querrás flexibilidad y resiliencia para poder recuperarte de ellos.

Una mentalidad que celebra la imperfección se caracteriza por estas creencias:

- Sé que haré algunas cosas bien y otras mal, y ninguna de ellas refleja mi valía como persona (autoaceptación incondicional).
- Los errores, los juicios y las críticas son signos de que he asumido el riesgo y aprovechado la oportunidad para crecer.
- Me mueven la excelencia, la creatividad y conseguir un objetivo.
- Es más importante dar lo mejor de mí mismo que compararme con los logros de los demás.
- Ser imperfecto y falible forma parte de ser humano.

Aquí tienes algunos ejemplos de las estrategias de seguridad perfeccionistas que empleamos en situaciones habituales, así como las estrategias expansivas alternativas que puedes usar para practicar.

Estrategia de seguridad: Revisar reiteradamente un mensaje de correo electrónico en busca de errores.
Estrategia expansiva: Escribir y enviar.

Estrategia de seguridad: Organizar el espacio de trabajo para que esté ordenado.
Estrategia expansiva: Dejar algo de lío.

Estrategia de seguridad: Posponer el papeleo o cualquier otra cosa que odies.

Estrategia expansiva: Determinar una hora y dedicar cinco minutos a esa tarea.

Estrategia de seguridad: Intentar cocinar el menú perfecto.

Estrategia expansiva: Cuando cocines para los demás, permítete cometer errores.

Las estrategias anteriores eran conductuales. Aquí tienes unas cuantas oportunidades para practicar las estrategias de expansión mentales:

Estrategia de seguridad: Revisar el pasado en busca de errores.

Estrategia expansiva: Permitirte la incertidumbre con respecto a si has cometido errores en el pasado.

Estrategia de seguridad: Preocuparte cuando te recuerdan un problema.

Estrategia expansiva: Usar el proceso de resolución de problemas de cinco pasos.

Para obtener una lista de *Estrategias de seguridad frente a estrategias expansivas para el perfeccionista*, visita: http://www.newharbinger.com/35067.

Aquí tienes unas cuantas tablas de expansión aplicables a todos los casos que te ayudarán a practicar. Cada una de ellas aborda un problema específico habitual entre los que tenemos una mentalidad perfeccionista.

Oportunidad: síndrome del impostor (sentir que tengo que demostrar algo o me delataré como un fraude).	
Valores: autenticidad, creatividad, autoaceptación.	
Mentalidad de mono	**Mentalidad expansiva**
Los errores equivalen a incompetencia.	Los errores forman parte de ser humano.
Si la gente ve debilidades, pareceré inadecuado.	No tengo por qué demostrar nada.
Estrategias de seguridad	**Estrategias expansivas**
Ocultar los errores.	Revelar errores menores.
No hacer preguntas ni pedir ayuda.	Pedir ayuda o hacer una pregunta una vez al día.
Trabajar en exceso para evitar errores.	Limitar el tiempo para hacer tareas, salir del trabajo a la hora.
No correr riesgos.	Probar algo nuevo y permitir errores.
No contar detalles sobre ti mismo.	Contar algo sobre ti mismo cada día.
Sensaciones necesarias: ansiedad, remordimiento, vergüenza.	

Oportunidad: procrastinación.

Valores: compromiso, autoaceptación, crecimiento, valentía, autenticidad.

Mentalidad de mono	Mentalidad expansiva
Tengo que hacer las cosas a la perfección.	Los seres humanos no son perfectos.
Debería saber lo que estoy haciendo.	Puedo aprender sobre la marcha. Los errores me ayudan a crecer.
No debería sentirme confuso.	La confusión es parte del proceso.
Tengo que estar en mi mejor momento.	Es más importante que me ponga en marcha que posponer las cosas hasta encontrarme en mi mejor momento.
Estrategias de seguridad	**Estrategias expansivas**
Demorar el inicio de una tarea.	Programar el tempo durante solo cinco minutos para ponerme en marcha.
Pasar horas investigando en lugar de empezar la tarea.	Programar el límite del tiempo de investigación y el tiempo para la tarea.
Trabajar solo cuando esté al 100 %.	Trabajar precisamente cuando me sienta cansado o confuso.

Sensaciones necesarias: ansiedad, confusión, frustración.

Oportunidad: miedo a hablar en público (ya sea en una reunión, en una clase o en una conversación con otras personas).

Valores: autoaceptación, valentía, autenticidad, creatividad.

Mentalidad de mono	Mentalidad expansiva
Tengo que ser ingenioso, divertido, interesante.	Si estoy hablando, voy por el buen camino.
No puedo decir nada inapropiado o incorrecto.	Es normal equivocarse.
La ansiedad es una señal de debilidad y de ineptitud.	Mi ansiedad es una parte de mí que me hace humano.
Estrategias de seguridad	**Estrategias expansivas**
Ensayar lo que voy a decir.	Decir cualquier cosa que te venga a la mente.
Evitar decir lo que pienso o responder preguntas.	Preguntar o decir una cosa en cada encuentro social.
Ocultar el sudor/rubor con ropa/maquillaje.	Permítete las muestras físicas de ansiedad.

Sensaciones necesarias: ansiedad, remordimiento, vergüenza, miedo.

Oportunidad: preocupación (dar vueltas a los errores del pasado).	
Valores: autoaceptación, riesgo, diversión, presencia.	
Mentalidad de mono	**Mentalidad expansiva**
No debería cometer errores. Los errores equivalen al fracaso.	Todo el mundo comete errores, incluido yo. «Situarme a mí mismo ahí fuera» equivale a éxito.
Estrategias de seguridad	**Estrategias expansivas**
Castigarme por mis errores para evitarlos en el futuro. Preocuparme por errores del pasado siempre que los recuerde.	Perdonarme, sabiendo que volverán a producirse. Planificar una hora de preocuparse específica.
Sensaciones necesarias: ansiedad, remordimiento, vergüenza, miedo.	

BUSCANDO LA INCERTIDUMBRE

Si eres una persona que de verdad necesita saber qué está pasando y no se puede relajar hasta saberlo con seguridad, algunos de los valores que quizá te interese practicar sean la aceptación del caos inherente a la vida en este planeta, la flexibilidad cuando las cosas no van bien y, en caso de que algo que no esperas te pille por sorpresa, la resiliencia. ¡Y no nos olvidemos de la gratitud por lo que sí sale bien!

La mentalidad expansiva que busca la incertidumbre se caracteriza por estas creencias:

- Es más importante vivir la vida plenamente en el momento presente que pasar tiempo prediciendo lo que podría salir mal en el futuro.
- Daré por sentada la seguridad a no ser que haya señales claras de peligro.
- Es importante practicar la flexibilidad y aprender a lidiar con las cosas que no salen según lo planeado.
- Puedo tomar precauciones razonables sabiendo que puedo ejercer una influencia pero no controlar los resultados.

Aquí tienes algunos ejemplos de estrategias de seguridad que se emplean habitualmente en situaciones que provocan ansiedad y las estrategias expansivas que puedes usar como alternativa.

Estrategia de seguridad: Comprobar si nuestros seres queridos llegan a salvo.

Estrategia expansiva: Dar por sentada la seguridad y dar margen a la incertidumbre.

Estrategia de seguridad: Investigar en internet sensaciones incómodas.

Estrategia expansiva: Enfrentarse a situaciones incómodas mediante la respiración.

Estrategia de seguridad: Asegurarse de que lo has metido todo en la maleta antes de salir de viaje.

Estrategia expansiva: Limitar el tiempo para hacer la maleta.

Estrategia de seguridad: Posponer decisiones hasta que estés seguro.

Estrategia expansiva: Determinar un tiempo para tomar decisiones aunque no estés seguro.

Estas estrategias son conductuales. Aquí tienes algunas oportunidades para practicar las estrategias de expansión mentales:

Estrategia de seguridad: Ponderar los pros y los contras mentalmente una y otra vez para asegurarte de que estás tomando la mejor decisión.

Estrategia expansiva: Dar margen a la incertidumbre. Pedir incertidumbre. Pedir también más ansiedad.

Estrategia de seguridad: Preocuparse reiteradamente por el mismo problema.

Estrategia expansiva: Darle las gracias a tu mono y pedir más. O programarte una hora de preocuparse.

Para obtener una lista completa de *Estrategias de seguridad frente a estrategias expansivas para la intolerancia a la incertidumbre*, visita: http://www.newharbinger.com/35067.

A mis pacientes con necesidad de certeza, algunas áreas problemáticas se les presentan una y otra vez. He elaborado algunas tablas de expansión que puedes usar también con esos problemas.

Oportunidad: dificultad para tomar decisiones.

Valores: valentía, flexibilidad, compromiso, autonomía, autoaceptación.

Mentalidad de mono	Mentalidad expansiva
Tengo que estar seguro de mis decisiones. Tengo que estar seguro de que estoy haciendo la mejor elección.	No tengo por qué estar seguro al 100 %. Si tomo una decisión que obtiene un pobre resultado, puedo aprender a afrontarlo. Ser flexible y resiliente es más importante que estar seguro.
Estrategias de seguridad	**Estrategias expansivas**
No probar cosas nuevas. Posponer la toma de decisiones. Dedicar mucho tiempo a investigar. Pedir ayuda a los demás para tomar decisiones.	Probar algo nuevo. Elegir todos los días algo sobre lo que tomar una decisión. Limitar el tiempo dedicado a investigar. Tomar decisiones por mí mismo.

Sensaciones necesarias: ansiedad, remordimiento, vergüenza, miedo.

Oportunidad: exceso de comprobación (asegurarte de que tus seres queridos están bien, que no te has olvidado de traer algo o de hacer cosas como cerrar la puerta o apagar el horno, de que las sensaciones que tienes no son peligrosas).

Valores: presencia, diversión/placer, resiliencia, valentía.

Mentalidad de mono	Mentalidad expansiva
Tengo que estar seguro de que la gente está a salvo.	Dar por sentada la seguridad a no ser que haya señales de peligro.
Tengo que estar seguro de que no me he olvidado nada.	Olvidarse cosas desarrolla flexibilidad y resiliencia.
Tengo que estar seguro de que tengo suficiente dinero.	Una vez que he invertido con sensatez, el mercado escapa a mi control.
Tengo que estar seguro de que una sensación no es un síntoma.	No estar seguro no equivale a estar enfermo.
Estrategias de seguridad	**Estrategias expansivas**
Llamar y comprobar cómo están los demás o hacer que me llamen ellos.	Reducir o dejar de comprobar cómo están los demás.
Comprobar las cosas en numerosas ocasiones para estar seguro.	Comprobar las cosas una vez y marcharme.
Vigilar detenidamente las cuentas y las inversiones.	Permitirme comprobar mis finanzas una vez a la semana.
Consultar síntomas en internet; ir a ver al médico.	Permitirme consultar síntomas una vez a la semana.

Sensaciones necesarias: duda, ansiedad.

Oportunidad: sobreplanificación (elaboración excesiva de listas).

Valores: flexibilidad, diversión, resiliencia, presencia.

Mentalidad de mono	Mentalidad expansiva
Para sentirme bien, todo debe salir según lo planeado.	Estoy cultivando la flexibilidad.
Si me olvido de algo será terrible.	Olvidarse de algo es una oportunidad para desarrollar resiliencia.
Tengo que prevenir y estar preparado para los malos resultados.	No puedo conseguir que la vida sea segura al 100 % y tratar de lograrlo me impide vivir el momento presente.
Estrategias de seguridad	**Estrategias expansivas**
Pasar demasiado tiempo planificando las cosas.	Limitar el tiempo permitido para planificar algo.
Siempre planearlo todo personalmente.	Permitir que los demás planifiquen las cosas.
Controlar a los demás de modo que todo salga según el plan.	No corregir a los demás ni recordarles cosas.
Escribirlo todo.	Pasar un día sin listas.
Hacer listas mentales. Revisar planes de futuro.	Recordarme que estoy buscando la incertidumbre.
Preocuparse: intentar anticiparse, arreglar y resolver problemas.	Decir «Gracias, mono» y programar una hora de preocuparse.

> **Sensaciones necesarias:** ansiedad, frustración, ira, irritación, remordimiento (creer que se ha hecho algo mal cuando las cosas no salen según lo planeado).

SOLTAR LA HIPERRESPONSABILIDAD

Para los que tenemos una mentalidad que nos hace responsables de la salud y la felicidad de nuestros seres queridos, algunos de los valores que querremos cultivar son el autocuidado y la autonomía, la confianza en que los demás son responsables de sí mismos y aprenden de sus errores, y la honestidad, el respeto y la compasión tanto hacia nosotros mismos como hacia los demás.

La actitud de soltar la hiperresponsabilidad se caracterizará por las siguientes creencias:

- La gente es responsable de su propia vida y decisiones. Las consecuencias de sus actos no son culpa mía.
- Mi principal responsabilidad es para conmigo mismo, no para con los demás.
- No es mi trabajo hacerme cargo cuando los demás no cumplen con su parte. Estoy dispuesto a permitir las consecuencias de los actos o de la inacción de los demás.
- Cuando la gente está sufriendo, puedo escucharles con compasión, pero no es mi trabajo arreglar o resolver su problema.
- Puedo ser sensible a los problemas de los demás sin hacerme responsable de ellos.
- Tengo derecho a decir no y a imponer límites.

Aquí tienes algunas estrategias de seguridad que a menudo usamos en situaciones habituales. Asociada a cada estrategia de seguridad hay una estrategia expansiva; ¿se te ocurre alguna más que puedas usar?

Estrategia de seguridad: Compensar los fallos de los demás.

Estrategia expansiva: Dejar que los demás hagan las cosas por sus propios medios.

Estrategia de seguridad: Priorizar las necesidades de los demás frente a las tuyas.

Estrategia expansiva: Priorizar tus necesidades tres veces a la semana.

Estrategia de seguridad: Aportar soluciones a los problemas de los demás.

Estrategia expansiva: Escuchar con compasión; no resolver los problemas de los demás.

Estrategia de seguridad: Ofrecerse a compensar los fallos de los demás.

Estrategia expansiva: No asumir la carga de trabajo de los demás.

Si quieres ver más ejemplos, visita: http://www.newharbinger.com/35067.

Tan importante como cambiar las estrategias conductuales es cambiar las estrategias de seguridad mentales, como revisar y preocuparse por los problemas de los demás cuando no estás con ellos. Una estrategia expansiva mental con la que se puede contrarrestar esto es aceptar la incertidumbre de no saber si el otro está bien. Recuérdate que no puedes controlar cómo viven su vida los demás. A continuación, céntrate en cuidar de ti mismo, poniendo en marcha tu cerebro para trabajar en algunas de tus propias necesidades que has tenido descuidadas. Aquí tienes algunos ejemplos de estrategias de expansión mentales que puedes usar para compensar esta creencia: «Soy responsable de la felicidad y la seguridad de todo el mundo».

Estrategia de seguridad: Pensar en los problemas de los demás cuando estás a solas.

Estrategia expansiva: Centrarte deliberadamente en cuidar de ti mismo.

Estrategia de seguridad: Repasar mentalmente qué podrías o deberías haber hecho de otra forma para ayudar a alguien.

Estrategia expansiva: Interrumpir este repaso aceptando la posibilidad de haber cometido errores.

Recuerda que cada vez que practicas una estrategia de expansión, respirar hacia las emociones necesarias que van a surgir será crucial para tener éxito.

Aquí tienes unas muestras de tablas expansivas basadas en problemas –también conocidos como «oportunidades»– habituales entre los que tenemos una mentalidad hiperresponsable. Están pensadas para ofrecerte ideas sobre ámbitos que te puede interesar trabajar.

Oportunidad: preocupación crónica por las personas queridas.

Valores: respeto, autocuidado, salud, independencia, placer/diversión, resiliencia.

Mentalidad de mono	Mentalidad expansiva
Tengo que evitar que les pasen cosas malas a las personas que me importan.	La gente aprende siendo responsable de su propia vida.
	No sirve de nada intentar controlar a los demás.
	No puedo evitar todos los resultados negativos.
	«Soltar» me permitirá estar más sano/feliz.
Estrategias de seguridad	**Estrategias expansivas**
Indicar cosas.	Permitir que los demás cometan errores.
Dar consejos a la gente.	Escuchar en lugar de resolver un problema.
Ofrecer a los demás ayuda para resolver sus problemas.	Plantearte ayudar solo cuando alguien te lo pida.

Sensaciones necesarias: culpa, ansiedad, frustración, ira, tristeza.

Oportunidad: falta de asertividad.

Valores: autenticidad, valentía, respeto, salud.

Mentalidad de mono	Mentalidad expansiva
Soy responsable de los sentimientos de los demás.	No es mi responsabilidad que la gente sea feliz a costa de que yo no exprese mis opiniones.
Si establezco un límite y disgusto a otra persona, es fallo mío.	Decir no y establecer límites es parte de un buen autocuidado.
Si los demás no están de acuerdo conmigo, la culpa es mía.	Si la gente se disgusta conmigo, eso no significa que sea mi culpa ni que yo sea responsable de sus sentimientos.
Estrategias de seguridad	**Estrategias expansivas**
Anteponer las necesidades y deseos de los demás a los míos.	Expresar lo que quiero hacer.
Si alguien se molesta conmigo, recular.	Decir que no a algo cada día.
Si los demás no están de acuerdo conmigo, cambiar de opinión.	Dar una opinión que creo que los demás no comparten.

Sensaciones necesarias: culpa, ansiedad, frustración, ira, tristeza.

Oportunidad: asumir más de lo que toca, poco cuidado personal.

Valores: autoaceptación, salud, crecimiento, compasión, valentía.

Mentalidad de mono	Mentalidad expansiva
Si los demás no redoblan sus esfuerzos, yo tengo que hacer algo.	Si los demás no redoblan sus esfuerzos, no es fallo mío.
Si no se está haciendo bien, debo intervenir.	No todo ha de hacerse a mi manera.
Cuando todo esté hecho, podré hacer lo que quiera.	Nunca está «todo» hecho, así que no esperaré que llegue ese momento.
Cuando todo el mundo esté atendido, podré ocuparme de mí mismo.	Cuidar de mí mismo es mi principal obligación.
Estrategias de seguridad	**Estrategias expansivas**
Ofrecerte voluntario para hacer cosas cuando los demás no las están haciendo.	No ofrecerte voluntario y, si te lo piden, declinar educadamente.
Intervenir por los demás cuando están teniendo problemas para cumplir con su tarea.	Permitir que los demás se esfuercen y aprendan de ello.
Anteponer las necesidades de los demás.	Dedicar cinco minutos a cuidar de mí mismo antes de responder a cualquier cosa que creo que hay que hacer.
Posponer mi autocuidado.	

Sensaciones necesarias: irritación, frustración, ansiedad, culpa.

En este punto, te he proporcionado todas las herramientas que necesitas para empezar a transformar tu vida, para pasar de una que se define por el miedo a otra que se defina por tus propios valores. No hay nada mejor que puedas hacer por ti mismo que asumir este reto. Recuerda mantener un riesgo bajo en un primer momento. Dale una oportunidad a tu nueva mentalidad para que se afiance antes de pasar al siguiente nivel. Con el tiempo verás grandes resultados, incluyendo la resiliencia a la ansiedad que te permite dominar situaciones que para ti antes eran un problema. Cuando lo pruebes, apuesto a que querrás seguir expandiendo tu mundo.

DESPEGANDO

Se estima que un avión consume de media hasta un 25 % del combustible durante el despegue y el ascenso. Esto se debe a la resistencia de la atmósfera terrestre; en altitudes superiores, viajar por aire se vuelve más eficiente. En este momento estás sentado en el simulador de prácticas, al principio de la pista, preguntándote si serás capaz de despegar del suelo. Tu resistencia atmosférica serán todos tus hábitos y la inercia del pasado. ¿Qué es lo que alimentará tu entrenamiento durante el despegue?

En el próximo capítulo voy a presentarte el equivalente al combustible del motor en el contexto de dar sustento a tu entrenamiento de expansión. Es poderoso y tendrás un suministro infinito. Sigue leyendo y aprende a hacerte tu mismo la mezcla perfecta.

LECCIÓN DEL CAPÍTULO NUEVE

Aunque podemos practicar las estrategias de expansión en casi todas las situaciones en las que nos encontremos, nuestro éxito será mayor en las situaciones de bajo riesgo, que son menos amenazantes para el mono.

DIEZ
PRACTICAR EL ELOGIO

Joey tenía problemas en preescolar. Quería estar conectado con los demás niños, pero cuando los tocaba o los agarraba en la hora del círculo, ellos se apartaban. Después de corregirlo repetidamente, sus profesores decidieron sacar a Joey del círculo, cosa que le hacía sentirse todavía más solo.

Antes de empezar a ejercer como terapeuta privada, uno de los trabajos que desempeñé fué dirigir un programa de intervención precoz para alumnos de preescolar. Cuando un niño tenía problemas emocionales o de conducta en el parvulario –porque alteraba el curso de las sesiones o no seguía las indicaciones del maestro–, asignábamos a un terapeuta y a un especialista en educación infantil para que acudieran al aula a observar y ayudar a resolver el problema.

Lo que comprobábamos constantemente era que los profesores prestaban más atención a los niños que se «portaban mal», como Joey, que a ningún otro. Esta atención solía implicar reñir al niño o apartarlo del grupo. También confirmamos lo que los maestros ya sabían: lo que estaban haciendo no funcionaba. De hecho, parecía empeorar las cosas. Todos nosotros, y en especial los párvulos, necesitamos atención, y si la atención positiva no está disponible, nos conformaremos –e incluso buscaremos– la negativa.

Nuestra intervención principal en estos parvularios empezaba ayudando a los profesores a identificar las conductas que a ellos les habría gustado ver en los niños que se portaban mal. Los profesores de Joey decían que, principalmente, querían que Joey «no tocara a los demás». De modo que animamos a los profesores a iniciar una nueva práctica.

Siempre que los profesores advirtieran que Joey tenía las manos en el regazo o cuando estuviera ocupado con algo que no molestara a los demás, incluso cuando lo hiciera durante tan solo unos segundos, sugerimos que le miraran y le sonrieran, diciendo: «¡Joey, lo estás haciendo muy bien sin tocar a nadie!». Buscaron asimismo otros ejemplos de conducta deseada por parte de Joey, así como de los demás niños, y también prestaban atención a esas conductas.

A medida que esta estrategia pasó a formar parte del protocolo normal en el aula, todos los niños que habían estado portándose mal, incluyendo a Joey, empezaron a portarse mejor. Esta estrategia mejoró el ambiente general en las aulas, lo que contribuyó a crear una cultura de la inclusión en la que todo el mundo tendía a progresar, independientemente del camino que les quedara por recorrer.

FOCO POSITIVO

La sabiduría convencional dicta que debemos ser castigados por hacer algo malo, para que, en cambio, queramos hacer algo bueno. En todas las situaciones en las que nos encontramos tendemos a mantener el foco en querer saber qué estamos haciendo mal. Si bien el refuerzo negativo nos ayuda a aprender cuando este procede de nuestro entorno, por ejemplo, aprendiendo a no coger una rosa por el tallo, rara vez surte efecto cuando procede de otra persona o de nosotros mismos. Como he podido observar una y otra vez a lo largo de mi trayectoria profesional y personal, aprendemos mejor cuando se nos recompensa de forma constante por lo que estamos haciendo bien.

Eso se cumple cuando aprendemos algo nuevo y difícil. Una pianista a la que su profesor elogia por su expresión –aunque se salte alguna nota–, acabará haciendo mejor música que un pianista del mismo talento que reciba elogios solo cuando interprete de forma impecable. Un jugador de baloncesto al que su entrenador elogia por lanzar con la técnica adecuada –independientemente de si encesta o no– tiene más probabilidades de desarrollar un buen tiro que un jugador parecido al que elogien solo cuando sus intentos acaban en canasta.

Cuando se trata de cambiar nuestra conducta, la lección es la misma, salvo que eres tú el que tiene que hacer los elogios. En tu entrenamiento, eres tanto el profesor como el alumno, tanto el jugador como el entrenador. Como profesor, planificas las clases. Estableces la intención consciente de que tú, el alumno, vas a practicar el pensamiento y la acción de forma expansiva. Igual que los profesores de Joey intentaron observar cuántas veces pillaban a Joey sin tocar a nadie, tú como profesor debes enfocar la atención en lo que estás haciendo correctamente. Las preguntas que hay que hacerse son: «¿He respetado mis valores? ¿He empleado estrategias expansivas? ¿He dado la bienvenida a las sensaciones necesarias?».

Actuar como profesor o como entrenador para ti mismo puede parecerte incómodo, pero es un papel en el que tienes que mostrarte enérgico. Recuerda que el entrenador por defecto es el mono. La mente de mono no se va a quedar sentada tranquilamente mientras tú no respondes a sus alarmas. El mono estará paseándose arriba y abajo por la banda soplando su silbato y gritando: «¡Estás en peligro! ¡Mira lo que estás haciendo! ¡Esto es un desastre!». Entrenándote a ti mismo, te mantendrás concentrado en tu propio plan y no en el del mono.

PROCESO FRENTE A RECOMPENSA

Si has leído la tabla de expansión que compartí contigo en el capítulo 8, recordarás que mi estrategia de expansión era escribir durante un periodo de tan solo treinta minutos. A lo largo de buena parte de esos treinta minutos me sentía como si estuviera escribiendo chorradas. Me imaginaba a mi marido y a mi editor leyéndome y me olvidaba de lo que estaba practicando. Estaba evaluando lo que escribía según los parámetros del mono:

176

cualquier cosa que no fuera digna de un libro era una amenaza primordial.

Estaba secuestrada. Había olvidado que las exigencias del mono eran imposibles de satisfacer. Pensaba que mi rendimiento tenía que ser bueno, sin errores que me abochornaran y digno de aprobación universal por parte de todos. ¡Vaya montón de blancos en la diana!

Cuando te pase esto, es hora de sacar tu tabla de expansión. En cuanto terminé el ejercicio, eso fue lo que hice. La he impreso aquí para mostrártelo.

Oportunidad: escribir durante treinta minutos.	
Valores: autenticidad, autoaceptación, creatividad, valentía.	
Mentalidad de mono	**Mentalidad expansiva**
Tengo que saber lo que voy a decir, decirlo con claridad, y debe ser bueno.	La creatividad implica riesgo. Hacer las cosas bien o mal no define mi valía como persona.
Estrategias de seguridad	**Estrategias expansivas**
Investigar más. Esperar hasta que sienta que tengo la mente clara. Seguir escribiendo hasta que crea que está correcto.	Limitar el tiempo que voy a escribir a treinta minutos. Escribir libremente y dar margen a la imperfección. Usar la respiración de bienvenida.
Sensaciones necesarias: ansiedad, confusión, frustración.	

Al leer la tabla, recordé que no recogía la necesidad de escribir de forma coherente. Mi objetivo era formar frases durante treinta minutos, al tiempo que respetaba mis valores, usando estrategias expansivas y sintiendo todo lo que fuera necesario sentir.

Me quedé pensando un minuto. ¿Había sido creativa? ¿Había sido auténtica? ¿Había sido valiente? ¡Sí, sí y sí! ¿Me había ceñido al marco temporal? ¿Había dado margen a la imperfección? ¿Había dado la bienvenida a las sensaciones necesarias? Sí, sí y otra vez sí.

Había muchos éxitos en mi sesión de entrenamiento, y para reconocerlo marqué con un «visto» todos aquellos puntos que había practicado con éxito. Hasta que mis estrategias y mi mentalidad expansivas se convirtieran en los nuevos valores por defecto, iba a tener que incorporar a mi entrenamiento el hecho de ser mi propia profesora, mi propio entrenador constante.

Esta clase de secuestro sucede todo el rato en mi trabajo como terapeuta. Observemos un ejercicio que uso con mis pacientes que tienen miedo a hablar en público. El ejercicio consiste en hacer una exposición de cinco minutos en mi despacho. No tiene mucho sentido hacer el ejercicio sin estar preparado, de modo que antes de llevarlo a cabo pongo a cada paciente a cumplimentar una tabla de expansión.

Sin embargo, no hay preparación suficiente que haga callar al mono. Cuando el paciente empieza a hablar y le acometen esas emociones necesarias, el secuestro se produce inevitablemente. Cuando les pido a los pacientes que se puntúen para valorar cómo lo han hecho, es muy habitual que me digan que han hecho una exposición penosa y que se puntúen por lo bajo. Dicen cosas como: «Me he quedado en blanco. Estaba tan nervioso que me he liado con las palabras».

En cambio, cuando reviso sus tablas de expansión y evalúo su exposición como una oportunidad para practicar, se sorprenden y sienten alivio. Cuando se preguntan a sí mismos: «¿Qué valores he respetado? ¿Qué actitudes he empleado? ¿Qué estrategias he usado?», se dan cuenta de que han hecho un buen trabajo.

Oportunidad: exposición oral.	
Valores: valentía, autenticidad, crecimiento, riesgo.	
Mentalidad de mono	**Mentalidad expansiva**
Tengo que saber lo que voy a decir, decirlo con claridad, y debe ser bueno.	Para mí es más importante estar en la diana que dar en el blanco.
Si meto la pata o doy señales de ansiedad, la gente me verá como un fracasado.	Hacer las cosas bien o mal no define mi valía como persona.
Estrategias de seguridad	**Estrategias expansivas**
¡No lo hagas!	Establecer contacto visual con Jennifer.
Evitar mirar al público.	
Tratar de sonar inteligente.	Dar tres argumentos en cinco minutos.
Ocultar los signos de ansiedad.	Permitir que Jennifer vea los signos de ansiedad, como rubor, sudoración y temblor.

Parar o escapar si me pongo demasiado nervioso.	Seguir hablando aunque esté nervioso.

Sensaciones necesarias: ansiedad, pánico, sudoración, temblor, rubor.

Mientras revisan cada elemento de la práctica que podrían emplear, pasan de ser alumnos asustados a profesores sabios. Con cada marca de verificación, se otorgan a sí mismos un reconocimiento y un elogio. Casi siempre merecen un sobresaliente cuando se evalúan en función de los nuevos criterios.

Menos habitual es que suceda lo contrario. A veces un paciente realiza una exposición que sorprende por su fluidez y se otorga un sobresaliente de buenas a primeras por aparentar confianza, no sentir demasiada ansiedad y recordar todo lo que quería decir. Eso sería evaluar un acierto en el blanco, cosa que es un criterio de la mentalidad de mono.

Evalúa tu sesión de entrenamiento en función del proceso, no del resultado. ¿Has respetado tus valores? ¿Has cultivado una mentalidad expansiva y has utilizado estrategias expansivas? Estas son las cosas que puedes controlar y es tu capacidad de concentración en ellas lo que te granjeará una nueva experiencia y un nuevo aprendizaje.

Cuando aciertas en el blanco o sientes menos ansiedad en una práctica, esto indica que estás listo para el siguiente nivel. Si las sensaciones necesarias no te plantean una dificultad, no estás generando resiliencia a una futura ansiedad. ¡No permitas que el blanco de la diana te distraiga de tu misión expansiva! Puedes descargar tu propia *Tabla de expansión* para practicar en: http://www.newharbinger.com/35067.

Tachar los recuadros en nuestra tabla de expansión no es la única forma de valorarnos positivamente. Por ejemplo, yo les doy puntos a mis pacientes. Les digo: «¡Buen trabajo! Por eso te llevas un punto». No es necesario llevar un recuento, pero es efectivo. Cuando mis pacientes dan la bienvenida a las sensaciones necesarias en mi despacho, no dejo de hacerles comentarios, como «increíble», «excelente» y «sigue así». Soy testigo de primera mano del poder del elogio, lo cual es muy gratificante.

Cuando practicas, sé tu propio entrenador y profesor. Elogia tu planificación, elogia tu ejecución, elogia tu valentía a la hora de dar la bienvenida a tus sensaciones negativas. ¡Elogia todo lo que tenga que ver con la práctica, salvo el resultado!

Para ayudarte a comprender el papel del elogio en la práctica de la expansión, seguiré contándote sobre mis pacientes durante las primeras semanas del entrenamiento. Cada uno de ellos se enfrenta a sus propios retos singulares con su propia marca única de elogio.

EL REENFOQUE DE ERIC

En la sesión con Eric que siguió a la charla que había concertado con su empleada, le pregunté cómo había ido.

«No muy bien», dijo. Se puso a hablar de lo nervioso que se había sentido durante la reunión y de que la empleada se había puesto a la defensiva. Él quería reconcentrarse en lo que no había salido bien y en lo que el marido de la empleada –que era un buen amigo de Eric– diría de él cuando se enterara.

Eric estaba secuestrado. En su estado de ansiedad pensaba que debía mantener la confianza, estar seguro de sí mismo y no dar muestras de nerviosismo. También pensaba que, como la empleada respondía negativamente, él debía de haber manejado mal la situación. Sentía que había fallado y solo era cuestión de tiempo que todo el mundo lo supiera. Era su antigua mentalidad perfeccionista en funcionamiento. Me podía haber pasado la sesión tranquilizándolo y resolviendo el problema de su relación con la empleada, pero ¿habría conseguido con ello avanzar en la práctica de expansión de Eric?

En lugar de hacer eso, le pregunté cuál era su nueva estrategia de expansión. Tardó un instante en recordarlo: hablar con sinceridad con la empleada y ofrecerle formación adicional. Aunque había estado muy nervioso y la empleada no había respondido bien, Eric había hecho exactamente eso. Tenía que reenfocarse en lo que había hecho bien y darse una palmadita en la espalda. A menudo invito a mis pacientes a que se den, de manera literal, una palmada en la espalda por haber cumplido con una conducta deseada, y yo me lo hago a mí misma una y otra vez. Es verdad, darte palmaditas en la espalda a ti mismo parece una tontería, pero no es ni la mitad de estúpido que darte una patada en el culo por no ser perfecto. Eso es simple y llanamente ridículo.

LA GRAN PUNTUACIÓN DE MARÍA

María describió su primera semana de práctica de la tolerancia a la incertidumbre como «una de cal y otra de arena». Había establecido el límite de consultar síntomas en internet a solo una vez al día, pero hubo varios días en que lo hizo más de una vez. Había decidido no llamar al médico ni comentarle los síntomas a su marido, pero también había hecho eso en varias ocasiones. Llegó a la sesión sin estar muy segura de haber hecho algún progreso, en realidad.

Le pregunté a María cuántas veces había empezado su mentalidad de mono con la cháchara porque, al no haber comprobado la sensación, podía estar pasando por alto algo fatal. «Docenas», respondió.

Le pregunté con qué frecuencia su mono le había chillado que aquella era una sensación nueva o que era más intensa que las que había experimentado anteriormente. «Muchas», dijo, sonriendo.

Luego le pregunté cuántas veces le había dado las gracias al mono a lo largo de aquella semana y ella dijo: «Estoy eligiendo vivir con incertidumbre». Esa era, al fin y al cabo, la esencia de la mentalidad y la estrategia de expansión que había planificado la semana anterior. La mirada de María se iluminó desde dentro. «Demasiadas como para llevar la cuenta –dijo–. ¡Esta semana me doy cien puntos!».

La semana de práctica de María fue genial. Al recordarse a sí misma constantemente cuál era su nueva mentalidad expansiva, había estado alimentando esa nueva actitud. Al repasar la buena acogida que había dado a sus sensaciones de lucha o huida y sus emociones negativas, había estado recompensando lo que hizo bien en lugar de castigarse por recaer en sus estrategias de seguridad.

LAS ESTRELLAS DE CALIDAD
DE SAMANTHA

Para Samantha, mi paciente hiperresponsable, suponía todo un reto resistirse a comprobar cómo estaba su hijo, y había ideado una forma peculiar de recompensarse cuando lo lograba. Rememorando lo bien que se había sentido al encontrar una pegatina con una estrella en un trabajo de primaria, decidió recompensarse de ese modo. Cada vez que necesitaba comprobar cómo estaba su hijo y se recordaba que ella no era responsable de las decisiones que él tomara en su vida, se regalaba una estrella. Cada vez que usaba la respiración de bienvenida para procesar su ansiedad, se regalaba otra estrella. Cada vez que conseguía resistirse a ver cómo estaba él, se llevaba otra estrella, y así sucesivamente.

Aunque algunas veces cedía y acababa por llamarlo de todas formas, y siguió haciéndolo durante muchas semanas, siempre que fuera capaz de mantener en pie algún elemento de su práctica, conseguía alguna estrella. Al final de cada semana tenía una constelación que le demostraba que hacía progresos en su entrenamiento.

ENTRENAMIENTO COOPERATIVO

Darte palmaditas en la espalda, recompensarte con puntos imaginarios y dibujar estrellas o caras sonrientes en tu tabla de expansión son solo algunas de las muchas formas con las que puedes entrenarte y premiarte por practicar la expansión. Si tu amigo o tu pareja también está practicando, podéis daros mutuo apoyo.

Después de un día duro, es tentador tratar a nuestros amigos y parejas como una especie de cubo de la basura de nuestras frustraciones, pero cuando hemos estado practicando la expansión, nuestros relatos son más positivos. Las descripciones de los desafíos que hemos encarado, la emoción negativa que hemos procesado y la nueva experiencia y aprendizaje que hemos adquirido son algo emocionante e inspirador que contar y escuchar. Cuando practico, estoy deseando compartirlo con mi marido esa noche durante la cena. Y, sí, me encanta cuando me dice: «¡Vaya! Qué inspirador».

Tanto si recibes los elogios de un amigo como los de un ser querido, de un terapeuta o de ti mismo, estás manteniendo la concentración en lo que importa: tus valores, tus estrategias, tu proceso, y no los del mono. El elogio es el combustible de avión con el que vas a conseguir el difícil ascenso inicial, que tu entrenamiento despegue del suelo. No seas tacaño contigo mismo. Convierte el hecho de hacer y recibir elogios en una parte permanente de tu entrenamiento. De hecho, ¿por qué no empezar ahora mismo? Levanta la mano por encima del hombro y ¡date una palmadita en la espalda por la voluntad que has demostrado al leer el libro hasta este punto!

VELOCIDAD DE CRUCERO

Puesto que he utilizado la analogía del vuelo para tu entrenamiento –usar el elogio como combustible–, tal vez te estés preguntando: «¿Llegaré a alcanzar la velocidad de crucero en altura?».

Sí, algún día mirarás a través de tu metafórica ventanilla y verás que estás por encima de las nubes, y que los problemas que antes proyectaban una gran sombra sobre ti ahora parecen manchitas diminutas. Tu antigua conducta, la de estar constantemente cuestionando tus decisiones en la bolsa, con la práctica, tal vez se vea reemplazada por el acto de reevaluar tus inversiones una vez al año. Tener miedo a alzar la voz en las reuniones puede transformarse en hablar cuando tengas algo que decir. O puede que la necesidad de obtener la aprobación de tu marido cambie a seguir tu intuición aun cuando tal vez él no esté de acuerdo. Quizá te descubras conciliando el sueño por las noches sin una sola preocupación. Podrías estar tentado de pensar: «Lo he logrado».

No lo hagas. La vida expansiva es un viaje que dura toda la vida, con un sinfín de retos, así como de recompensas. No puedo predecir hasta dónde va a llevarte el entrenamiento, si muy alto o muy lejos. Solo tú puedes descubrir cómo será para ti vivir más allá de las limitaciones de la mentalidad de mono. Pero lo que sí puedo hacer es esbozar algunas de las muchas recompensas que te ofrece la práctica de la expansión, y eso es lo que he hecho en el siguiente y último capítulo.

LECCIÓN DEL CAPÍTULO DIEZ

Identifica y elogia cada faceta de tu entrenamiento que hagas bien.

ONCE

LA VIDA EN EXPANSIÓN

Empecé este libro declarando que las cosas que has estado haciendo para intentar controlar la ansiedad son en realidad lo que le está dando sustento. De ello se desprende que cuando dejes de intentar controlar la ansiedad, esta dejará de tener sustento. ¿Qué es lo que eso implica exactamente?

Sin su manutención –si no se alimenta al mono de forma regular–, el ciclo de la ansiedad se rompe. Si, después de hacer saltar las alarmas de la ansiedad, el mono deja de recibir repetidamente la confirmación de la amenaza que había percibido, aprende que la situación tensa es algo que puedes manejar. Cuanto menos reacciones a las alarmas del mono, menos activo se vuelve él. Cuando dejes de alimentar al mono, irás experimentando cada vez menos ansiedad y preocupación.

Para los que llevamos toda la vida sufriendo con la chá-chara del mono como ruido de fondo y enganchados a un gotero de miedo, la promesa de tener menos ansiedad es casi un disparate imposible de imaginar. ¿Cómo sería la vida sin la ansiedad como ruido de fondo? Bueno, para empezar, tendrás una forma de pensar completamente nueva.

UNA MENTALIDAD EXPANSIVA

La mentalidad de mono es una estructura formidable, una estructura que todos nos hemos pasado años construyendo y reforzando. ¿Es posible sobrescribirla con algo nuevo?

La mayoría de nosotros hemos intentado infinitas variaciones de pensamiento positivo y afirmaciones, y hemos aprendido a través de la experiencia que cambiar la mente de alguien no es comparable a cambiar de ropa o cambiar el aceite del coche. Aprender una nueva forma de pensar es como aprender una lengua nueva. Tenemos que usarla. Tenemos que experimentar cómo se vive con ella.

Esta premisa se cumple especialmente cuando en tu vida hay preocupaciones reales, auténticas amenazas primordiales, como era el caso de Samantha. Que se dijera a sí misma que no era responsable de la seguridad de su hijo sencillamente no fue creíble hasta que dejó de controlar si él estaba bien y empezó a querer saber si ella misma estaba bien.

Para Samantha, las primeras veces en que decidió no controlar a su hijo fueron agónicas. Cuando él se enfadó con ella por limitarle los préstamos de dinero, fue todavía más doloroso. Pero Samantha continuó con su entrenamiento, tolerando la incomodidad que le causaba y elogiándose por cuidar de sí misma.

Se apuntó a Alcohólicos Anónimos, donde conoció a otras personas que estaban en una situación parecida a la suya. Resultaba más fácil ver los límites de la responsabilidad personal en las vidas de los otros que en la suya. Recibió un apoyo enorme por hacerse responsable de sí misma, y no tanto de su hijo y de la enfermedad de este. Al cabo de unos meses probando con estas nuevas ideas, notó una mejoría en su salud y que podía hacer cosas por sí misma, e incluso divertirse de vez en cuando.

Lidiar con la enfermedad de su hijo se convirtió en una oportunidad para que Samantha cambiara algunas suposiciones básicas en torno a las cuales había girado toda su vida. Ahora está convencida de que es responsable de sí misma y de que su hijo es responsable de sí mismo. Tiene interés en algo que ella puede controlar, su propia salud y bienestar, y no piensa sacrificarla por algo que no puede controlar, la salud y el bienestar de su hijo. No asume la responsabilidad por él, ni siquiera cuando él falla.

Sea cual sea la base de tu ansiedad y de tus preocupaciones, cuando elijas actuar con una mentalidad basada en tus valores personales –y no los del mono–, obtendrás una nueva experiencia que apuntale esta mentalidad. Tu conciencia integrará esta nueva experiencia y se expandirá. Con la reiteración de nuevas experiencias, tu antigua mentalidad perfeccionista, hiperresponsable y necesitada de certeza se desintegrará. Aprenderás a creer en la nueva mentalidad expansiva que has elegido. El pensamiento expansivo se convertirá en tu pensamiento por defecto.

VIVIR CON UN OBJETIVO, ALCANZAR TUS METAS

A medida que te vayas viendo menos limitado por el sesgo del mono hacia la seguridad y volviendo más resiliente a sus alarmas por las amenazas percibidas, empezarás a asumir los riesgos necesarios para alcanzar tus metas. Aquellas cosas con las que antes solo podías soñar empezarán a parecer viables.

María, como recordaréis, deseaba viajar. Los valores que más adoraba eran la curiosidad y la espontaneidad, pero temía alejarse más de diez kilómetros de su médico y sus hospitales. Todo eso ha cambiado.

En primer lugar, María está encantada de informar que ahora tiene muchas menos sensaciones físicas incómodas. Esto se debe en parte a que ha dejado de escudriñar su cuerpo constantemente, buscándolas. También es porque, cuando resulta que sí siente algo incómodo, no lo consulta en internet. Cuando no alimenta su preocupación, hay menos cosas de las que preocuparse. Se siente más sana y menos estresada.

Después de todo su entrenamiento para la tolerancia a la incertidumbre en relación con sus síntomas físicos, María ha notado que está más dispuesta a admitir la incertidumbre en otros aspectos de su vida. Ya no cuestiona sus inversiones financieras, se muestra atrevida y decidida en sus compras y lo que más busca ahora en Google son destinos turísticos. Después de años navegando sin alejarse de la línea de costa, María está recuperando el tiempo perdido. Acaba de regresar tras pasar un mes en

Sudamérica, un destino al que antes le habría aterrorizado viajar. Ahora María está viviendo de acuerdo con sus propios valores: ¡explorar, explorar, explorar!

AUMENTO DE LA COMPASIÓN
Y LA AUTOESTIMA

Eric, como todos los perfeccionistas, se regía por unos parámetros imposibles de alcanzar. No se permitía cometer errores. Tratar de vivir así se traducía en que nunca tenía éxito y se sentía mal consigo mismo. Pero el entrenamiento de Eric ha cambiado todo eso.

Ahora que se permite la posibilidad de equivocarse, Eric se ha vuelto más decidido. Ha dejado de excederse en la investigación y de posponer la toma de decisiones, y a consecuencia de ello saca adelante más tareas. En realidad, ahora disfruta de su trabajo y eso se nota en su interacción con los demás. Se ha vuelto más asertivo, más claro y más honesto, cosa que lo convierte en un mejor jefe. En lugar de eludir la interacción con sus empleados, trata con ellos directamente, cortando de raíz la mayoría de los problemas.

A medida que fue ganando confianza, Eric expandió su entrenamiento hacia otras áreas de su vida, como el gimnasio. Aunque sigue teniendo sobrepeso, ahora ya no se siente tan fuera de lugar. Sus ejercicios regulares le han hecho ganar un poco de fuerza y mucha más confianza. Es más fácil ser Eric ahora que se puede perdonar por ser menos que perfecto.

Cuando aprendemos a ser compasivos con nosotros mismos, también aprendemos a sentir compasión hacia los demás. Las comparaciones y las críticas se volverán menos relevantes para nosotros cuando empecemos a reconocer la humanidad y la falibilidad que todos compartimos. ¡Qué ligereza se puede sentir cuando soltamos la carga de la perfección!

RESILIENCIA FRENTE A LOS CONTRATIEMPOS

¿Y si las cosas salen mal? ¿Y si, a pesar de tu nueva disposición a correr riesgos, no consigues lo que buscas? ¿Y si, a pesar del entrenamiento, una amenaza primordial se pone de manifiesto en tu vida? El entrenamiento no puede evitar que se pierda un trabajo, una casa o un ser querido. No puede aislarte de los desastres naturales, las guerras o las crisis económicas.

Mis tres pacientes se enfrentaron a dificultades personales relevantes en algún momento de su entrenamiento. El hijo de Samantha acabó siendo hospitalizado, como ella se temía. Al final Eric tuvo que despedir a su empleada y, en consecuencia, perdió su amistad con el marido de esta. María desarrolló síntomas que requirieron atención médica. Lo que cada uno de ellos descubrió fue que su entrenamiento para la expansión personal –experimentando y acogiendo positivamente oportunidades de expansión de bajo riesgo– les aportó una resiliencia mayor de la que jamás habían soñado tener, suficiente para soportar un dolor y una pérdida de alto riesgo.

La capacidad para tolerar tus propias sensaciones necesarias es un superpoder que te permite hacer cosas que antes te parecían irrealizables. Con la suficiente resiliencia, toda amenaza, percibida o genuina, se puede gestionar. A medida que tu camino personal hacia la resiliencia se vaya volviendo más familiar, te estarás preparando para los inevitables altibajos de la vida. Tu resiliencia es un núcleo de fuerza al que recurrir cuando sucedan cosas malas. Cuando azote el huracán, estarás en su ojo, resiliente y bien anclado en una nueva mentalidad expansiva.

DAR ESPACIO AL PLACER

Mientras sigues respirando para adentrarte profundamente en tus sentimientos y sensaciones, y dando la bienvenida a todo aquello que percibes, encontrarás algo que tal vez no te esperes: más sensaciones positivas.

Tanto el dolor como el placer residen en el mismo recipiente del cuerpo y ambos comparten las mismas vías hacia y desde tu cerebro. Cuando abres tu cuerpo mediante la respiración y das espacio al dolor, también estás dando espacio al placer. Cuando cultivas una mentalidad expansiva que da margen a experimentar físicamente sensaciones dolorosas, esos mismos circuitos neurológicos también trasladarán sensaciones placenteras.

Cuando actúas en función de tus valores, no solo el dolor por la pérdida se vuelve más tolerable, sino que algunas emociones positivas que llevaban mucho tiempo atrofiadas reviven. Expresiones como la alegría del descubrimiento, el orgullo por la independencia, la cálida compasión, el deseo de placer, la pasión por la autoexpresión, la gratitud por la generosidad, el asombro por el virtuosismo y el amor a la aventura dejan de ser simples ideas. ¡Son emociones que experimentas!

Tan solo ve con cuidado y no te aferres a estas sensaciones placenteras o trates de obtener más. Intentar sentirse bien es alimentar al mono. Tan solo deja que estas sensaciones placenteras fluyan a través de ti, al igual que haces con las desagradables. Mientras sigas expandiéndote, ¡hay más en el lugar de donde vienen!

PAZ Y PRESENCIA

Resulta que estoy escribiendo este fragmento del libro a bordo de un avión. Hace un par de horas, cuando me acerqué al control de seguridad del aeropuerto, había cinco colas distintas para elegir. Aunque quedaba bastante tiempo antes del vuelo, poco después de escoger una de ellas me noté un poco tensa. La cola de mi izquierda avanzaba mucho más rápido que la mía y la gente que había llegado después de mí ahora iba por delante. Percibí un resentimiento hacia ellos, además de cierta vergüenza por mi estupidez a la hora de escoger. Sin duda, mi mono estaba en plena faena. Había gente que me estaba adelantando, «amenazando» mi posición social.

La única amenaza que había era la que acechaba a la calidad de mi vida. Si trataba la amenaza del mono como si fuera importante, seguiría sintiendo el estrés, la irritación y la vergüenza. En cambio pensé: «¡Venga! Una oportunidad para la expansión». Abrí las manos para recordarme a mí misma que estaba dispuesta a permitir que los demás me adelantaran. Inhalé varias veces una respiración de bienvenida, relajándome y entregándome a las sensaciones de presión en el pecho y a la impresión de competitividad con los demás. Al hacerlo, envié un mensaje a mi mente de mono de que podía manejar esta «amenaza». Me llevé el plátano y recuperé el momento. Liberada de las suposiciones sobre lo que «debía ser» que me imponía mi mentalidad de mono, estaba plenamente presente el «lo que era». Como tenía la resiliencia suficiente para dejar que mis sensaciones necesarias siguieran su curso, me sentí en paz.

He sido reacia a usar expresiones como «en el ahora», «paz» y «presencia». Este lenguaje tiene connotaciones espirituales y yo no pretendo ser ninguna maestra espiritual. Pero he practicado lo suficiente, tanto con herramientas psicológicas como espirituales, para saber que, aunque las herramientas que aparecen en este libro y las que ofrecen los maestros espirituales responden a nombres distintos, en esencia son lo mismo.

El maestro budista Shinzen Young definió el sufrimiento con una fórmula matemática. Dolor x Resistencia = Sufrimiento. La mayoría estaríamos de acuerdo; nos hemos resistido y hemos sufrido lo bastante para demostrarlo. Me gustaría alterar solo un poco esa fórmula para reflejar el mensaje fundamental que quiero transmitirte en este libro.

ANSIEDAD X BIENVENIDA = RESILIENCIA

El mensaje que quiero transmitirte es que des la bienvenida a la ansiedad y cultives la resiliencia. Con resiliencia a la ansiedad, la paz y la presencia están esperando que las reclames a cada momento.

Deja que tu entrenamiento se convierta en tu estilo de vida. Haz que revisar tus valores, tratar los problemas y la ansiedad como oportunidades y elegir estrategias de expansión se conviertan en un hábito tan natural para ti como coger el móvil cuando suena o abrir la puerta cuando llaman. Cada pequeño paso en tu entrenamiento se irá acumulando día a día, provocando cambios asombrosos e impredecibles en tu vida.

Recuerda también que, vayas donde vayas, por mucho que progreses, el mono te acompaña en el camino y siempre está alerta. Hasta en el mundo más expandido, siempre hay una frontera, una línea que, al traspasarla, hará que dejes de sentirte a salvo. A medida que te acerques a ella, te irás encontrando cosas conocidas: amenazas percibidas, sensaciones negativas y una necesidad de certidumbre, perfección y/o hiperresponsabilidad hacia los demás. Te entrarán ganas de recluirte en un lugar seguro.

Pero sabrás lo que hay que hacer. Inhalarás con tu respiración de bienvenida y dirás: «¡Gracias, mono!». Entonces darás un paso más hacia la nueva experiencia y el aprendizaje.

LECCIÓN DEL CAPÍTULO ONCE

Nadie puede decir adónde te llevará el entrenamiento de la expansión ni cómo te recompensará, pero mientras sigas practicando, las posibilidades no tienen límites.

LECCIONES CLAVE

1. Nuestra ansiedad es una llamada a la acción generada por la percepción de amenaza de la mente de mono.

2. Cuando estamos secuestrados por la ansiedad, adoptamos la mentalidad de mono, que da por supuesto que para estar a salvo tenemos que estar seguros de todos nuestros resultados, debemos ser perfectos y responsables de los sentimientos y actos de los demás.

3. Cuando respondemos a la ansiedad evitándola o resistiéndonos a ella, confirmamos la percepción de amenaza –alimentamos al mono– que da sustento tanto a nuestro ciclo de ansiedad como a nuestra mentalidad de mono.

4. Alimentamos constantemente al mono a lo largo del día poniendo en marcha estrategias de seguridad, acciones que nos mantienen a salvo temporalmente de las amenazas percibidas y las alertas de ansiedad de mono.

5. Para poder apuntalar una mentalidad que nos permita prosperar, debemos crear una nueva experiencia

y un nuevo aprendizaje reemplazando las estrategias de seguridad por estrategias expansivas.

6. Para que las emociones y sensaciones incómodas asociadas a la ansiedad sigan su curso natural no solo es necesario sentirlas, sino que es recomendable acogerlas positivamente.

7. La preocupación no suele ser más que la cháchara del mono, y se disipará si la acogemos positivamente y la toleramos, en lugar de resistirnos a ella y tomar medidas al respecto.

8. Cuando invalidamos el valor de seguridad de mono con nuestros propios valores personales y planificamos las situaciones para practicar estos valores y respetarlos, expandimos nuestra vida.

9. Aunque podemos practicar las estrategias de expansión en casi todas las situaciones en las que nos encontremos, nuestro éxito será mayor en las situaciones de bajo riesgo, que son menos amenazantes para el mono.

10. Identifica y elogia cada faceta de tu entrenamiento que hagas bien.

11. Nadie puede decir adónde te llevará el entrenamiento de la expansión ni cómo te recompensará, pero mientras sigas practicando, las posibilidades no tienen límites.

ÍNDICE

¿Cuántas cosas nos perdemos por darle
demasiadas vueltas a lo mismo?

El método que te ayudará a convivir con la ansiedad
y vivir el presente. Si no sabes cómo lidiar con el estrés
que nos provocan las relaciones sociales, el trabajo
y los estímulos nocivos, este es tu libro.

«Lee este libro y experimenta la libertad
de crear tu nueva realidad.»
Deepak Chopra

Una guía práctica e inspiradora
para una vida larga y plena.

Vive en sintonía con los ritmos
de las estaciones japonesas.

Combina haikus, técnicas
de *mindfulness* y naturaleza.

¡Pedir perdón te hará libre!

Crece, sana y conviértete
en tu mejor versión.

Una guía para fortalecer vínculos
y desarrollar la inteligencia emocional

NOTAS